京 都 的 历 史

谢 跃 / 译

〔 日 〕 小 林 丈 广 　 　 高 木 博 志 　 　 三 枝 晓 子 　 　 / 　 著

京 都 の

歴 史 を 歩 く

社会科学文献出版社

SOCIAL SCIENCES ACADEMIC PRESS(CHINA)

KYOTO NO REKISHI O ARUKU

by Takehiro Kobayashi, Hiroshi Takagi, and Akiko Mieda

© 2016 by Takehiro Kobayashi, Hiroshi Takagi, and Akiko Mieda

Originally published in 2016 by Iwanami Shoten, Publishers, Tokyo.

This simplified Chinese edition published 2018

by Social Sciences Academic Press, Beijing

by arrangement with Iwanami Shoten, Publishers, Tokyo

目　录

前　言

2014 年，京都年观光旅客已达 5564 万人。JR 东海铁道公司"对，去京都！"宣传广告里每年都介绍京都的古寺社，吸引着人们乘坐新干线前往京都旅游。美国著名旅游杂志《旅游休闲》于 2014 年和 2015 年连续两年将京都市评选为全球最具魅力的旅游城市。春季，樱花观赏胜地圆山公园、岚山吸引了大量来自中国、韩国等亚洲国家的游客，日语的旅游观光手册被译成英语、汉语和韩语。一年四季，京都招徕许许多多来自世界各地的游客，历史悠久的京都成为世界级旅游胜地。然而，与此同时，江户时期以来的町家景观于近 20 年间逐渐消失。电影《古都》（1936 年由中村登导演）开头就是鸟瞰全市看到的一大片町家美丽的瓦房，然而……

本书的三位作者意识到，与现在旅游热成为一体的"历史"印象对京都产生了不协调的影响，犹如京都鉴定、京都观光文化鉴定、京都学所披露的那样。这些都是受高雅的贵族文化、奢华的桃山文化熏陶而形成的京都市区的历史印象，现在已经覆盖整

个京都府地区。它们构成了朝廷、贵族、富有町人、寺社上层人
的文化特色。

然而，随着时间推移，京都的历史也在发生变化。今日关于
京都的旅游宣传和京都印象大多来自近代。正如林屋辰三郎指出
的，我们关注京都作为中央、男性、天皇、贵族象征的同时，也
不能忽略它作为地方史、女性、部落史的重要性。我们不能只关
注作为政治特权象征的京都，还应把它放在整个日本史和地域史
中进行考察。我们的目标是写出一部有史料依据、有批判性的历
史作品。

本书以"道"和"场"作为关注视角。从大津到三条大桥的
东海道到近世前五条街的清水坂，以及作为京都市内外绘图屏风
中心地的室町街，等等，这些都是有各种各样主题的"道"。此
外，还有京都御苑、北野、北山、嵯峨野、岩仓等人们居住或聚
集的"场"，我们分别把它们放在历史的角度进行考察。

首先，我们考察居住在室町街的人们的营生、组织、"自治"
的情况，同时也考察作为文化景观和世界文化遗产的贵族文化，
以及最能体现"正宗京都"的京都郊外的宇治。在这里，我们也
遇到京都观光热所带来的各种问题。在京都城市周边地带有被歧
视的部落、在日外国人社区和花柳巷，还有宽阔的鸟边野、莲台
野，以及歧视、生死、饥馑和灾害。我们也从国际社会的视角关
注在京都的天主教徒遭受迫害，以及朝鲜通信使来访的历史。

本书的各章由小林丈广、高木博志和三枝晓子三位教授分别

执笔。第一章、第五章、第九章、第十二章、第十四章由小林丈广执笔，第二章、第六章、第十章、第十三章、第十五章由高木博志执笔，第三章 、第四章、第七章、第八章、第十一章由三枝晓子执笔。我们在写作过程中多次相互交换原稿阅读。

自 2010 年 5 月以来，已经整整过去了 6 年。三位作者与岩波书店的小田野耕明、山川良子、永沼浩一三位编辑一起走访了作为考察对象的"道"与"场"，进行反复讨论，并面向现代考察京都的历史。本书呈现了这些研究考察的成果。

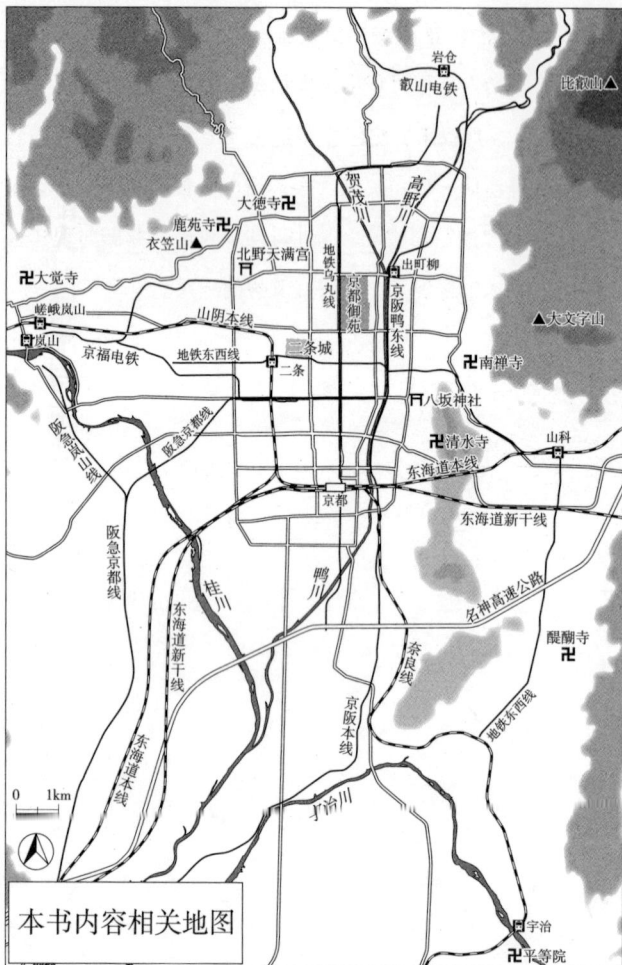

本书内容相关地图

第一部

京都人：城市与生活

京都起源于8世纪的平安迁都[1]，而后发展为城市。在经历了源平战争、南北朝动乱和发端于应仁之乱的战国时代之后，京都逐渐演变为以商人、手工业者为主体的城市。看上去是由天皇、皇家贵族主导的文化活动实际上离不开町人[2]和近郊的农民。在这第一部里，我们将关注这些人的生活。在京都因战乱而荒废时，天皇、幕府转移到其他城市。当它与国家政权产生距离的时候，才是最具价值的京都。

我们从中世后期到近世初期日本最富庶的町，一直漫步到象征明治维新后文明开化[3]的繁华街道和公园。我们还走进清水寺、妙心寺等京都代表性的神社和佛寺，发掘被人们遗忘的意义。最后，我们考察院政时期刚开发时那些平淡无奇的田地如何发展为文化景观街区。我们发现，京都并不是人们想象的那样因一成不变才成为京都，而是持续不断的变化使其成为京都。

1　794 年，桓武天皇从旧都长冈京迁都至平安京，即京都。——译注
2　指居住在城镇的手艺人和商人。——译注
3　指明治初年出现的积极模仿西方文明的政治、文化、生活方式的社会现象。——译注

第一章

京都的旧日风情：
町与巷子

各个町的山鉾彩车巡游（"町"是日本地方行政区划之一，以人口规模而言，比村大比市（区）小——译注）是祇园祭的核心。处在当地经济的最前沿，各个町变化起伏较大。在没有祭祀活动时漫步这些街区，会不由得引人思考何为"传统"。

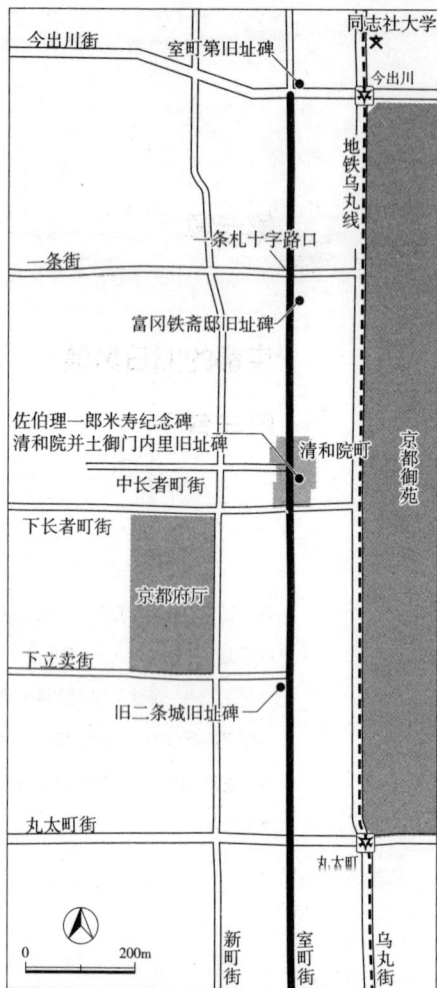

今出川街　室町第旧址碑　同志社大学

今出川

地铁乌丸线

一条街　一条札十字路口

富冈铁斋邸旧址碑

京都御苑

佐伯理一郎米寿纪念碑
清和院并土御门内里旧址碑　清和院町

中长者町街

下长者町街

京都府厅

下立卖街

旧二条城旧址碑

丸太町街

丸太町

0　　200m

新町街　室町街　乌丸街

去室町今出川（室町第旧址碑），从地铁乌丸线"今出
川站"徒步走 5 分钟。

● 指现存值得一看的景点
○ 指已不存在的景点

三井越后屋纪念庭园

冷泉町

二条街

蛸药师町

新町街

乌丸街

地铁东西线

御池街

乌丸御池

室町街

衣棚町

三条街

了顿巷子

六角街

御手洗井

福寺巷子

旧明伦小学
（京都艺术中心）

锦小路街

撞木巷子

四条街

四条

油小路街

膏药辻子

山鉾彩车
十字路口

秦家

东中通小街

高辻街

道元示寂碑

室町街：连接上京和下京的主要街道

从地铁今出川站的今出川街往西大约走五分钟，可以看到"足利将军室町第（室町殿）遗址"的碑。这里是14世纪足利义满执政时的宅邸，亦被称为"花御所"。这一时期的武家政权被称为室町幕府则是后来的事，这一称呼的由来是因为这个宅邸面向室町街。室町殿在应仁之乱[1]时被全部烧毁，其后似乎曾一度重建。不知从什么时候起，在这个遗址上兴建了许多町家。

说起来，室町街最初是平安京南北通道之一的室町小路。应仁之乱时京都几乎成为废墟，好不容易划分为两个独立的城区——上京和下京，勉强维持下来。即便在这一时期，连接两个城区的主要街道也是室町街。

根据于元龟三年（1572）制成的《上下京御膳方御月贿米寄帐》记载，在当时还存在的室町殿附近有筑山町，它的南面有北小路室町、福长町。从庐山寺街到一条街一带，许多町形成了名为"立卖组"的町组[2]。此外，从一条街以南，沿着室町街形成鑓

---

1 1467~1477年，室町末期以京都为中心，幕府内部围绕足利将军继嗣问题而引发的大混战。——译注
2 日本中世末期，町居民组成的自治组织。——译注

屋町、净花院町、鹰司町、近卫町等许多町组。这些町组统称为
"一条组"。一般认为，它们大概位于现在从庭园街到出水街附近
一带地区（《皇宫御仓职立入家文书》）。

一条室町是立卖组和一条组之间的边界，也被称为"一条组
布告集散中心"，是"本能寺之变"[1]后，明智光秀向京都城内的居
民发布免除地皮税布告的场所。在江户时代，说起"布告场"，就
会提到三条大桥西端，但在这之前，发挥作用的是一条组布告集
散中心。

两侧町：京都的古老町屋

从一条札交叉路口往南经过室町街，一直走到出水街可以看
到药屋町、花立町、清和院町、近卫町。如果将它们类比为元龟
三年一条组的各个町，大概相当于镟屋町、净花院町、鹰司町、
近卫町。在战国时代[2]这些町组也都维持了下来。现在，在药屋町
有富冈铁斋宅第旧址碑。在清和院町，有清和院并土御门内里旧
址碑和佐伯理一郎的米寿（88 岁）纪念碑。佐伯理一郎是吉野山

---

1 1582 年，织田信长投宿本能寺那天晚上，遭明智光秀突然袭击而被迫自杀的事件。——译注
2 1467~1568 年，从应仁之乱到织田信长巩固统一天下的基础这段时期，室町幕府的实权丧失、
   各地诸侯争霸。——译注

林的拥有者，他与人们熟知的自由民权运动支持者土仓庄三郎的女儿系子结婚，长期在此地从事医疗事业。孝明天皇（明治天皇之父——译注）之死"毒杀说"就是他提出的。

佐伯理一郎米寿纪念碑　　　　　　清和院并土御门内里旧址碑

我们查看庆长二年（1597）的历史记录发现，一条组有 8 个町——清和院町、近卫町、勘解由小路町、武卫阵町、中御门町（大门町）、道城町（道场町）、青同町（镜屋町）、冷泉町。可以推测，它们是连接沿着室町街从上长者町街到二条街之间的町。这说明从元龟到庆长期间，曾对这些町进行改建（上文括号中的名称为现在的町名）。元龟年间（1570~1573）以降，在战国时代房屋稀少的地方也形成了居住区，这些町都加入了一条组。

夹在夷川街和二条街之间的冷泉町保管了庆长二年的记录。在冷泉町文书中，最古老的文书是天正十年（1582）的《大福帐》。之后，在长达 400 年的时间里该町继承了町共有的文书（该文书现由京都市历史资料馆保管）。

此外，在元禄年间，冷泉町以及沿着室町街上的蛸药师町、御池之町、圆福寺町、役行者町这五町的吴服[1]屋形成了室町卷轴同行业店街（《京都冷泉町文书》别卷）。大概在那个时候，作为纺织品批发店集中的同行业店街——"室町"之名逐渐为世人所知。

在这五町中，只有冷泉町位于二条街以北，属于上京；蛸药师町及以南的这四町属于下京的上艮组。

沿着室町街步行所见，无论是冷泉町还是蛸药师町都是在室町街两侧沿街排列。京都的古老町屋就是这样在街东西两侧形成一个个町，是典型的"两侧町"。因此，在冷泉町，以前人们将室町街的东侧称为冷泉町东侧，西侧称为冷泉町西侧。两侧町的形

1　和服所用绸缎布匹的总称。——译注

成，说明了京都的町的发展主体是那些临街从事商业和手工业的町人。

移动的美术馆：祇园祭的山鉾彩车

蛸药师町位于原来下京区的町的最北端。根据有关对应仁之乱以前的祇园祭的记载，那时已经出现了"从二条室町与押小路间"（指蛸药师町）到"泉小二郎山"的山鉾彩车 [1]。延宝元年（1673），三井高利在该町创建了吴服采购店"三井越后屋"。直到宝永元年（1704）为止，它是三井越后屋的据点。其后，三井越后屋的京本店移至靠北的冷泉町，以迎接明治维新。

据传，现在祇园祭的山鉾彩车以役行者町和展示铃鹿山鉾彩车的场之町为北方界线，在到高辻街为止的地段有 33 辆车，直到应仁之乱前，从二条街到松原街之间就有 50 辆车以上。山鉾彩车巡行分"前祭"和"后祭"两次进行。直至明治维新前，前祭于六月七日，后祭于六月十四日进行。采用太阳历后，就是公历的 7 月 17 日和 7 月 24 日。从 1966 年起，取消了"后祭"，于 7 月 17

---

[1] 日本民间祭祀时一种可拉行的彩车，载有各种物品，上插有长矛、长柄大刀等武器。人乘坐其上，有音乐伴奏和舞蹈。——译注

日一天举行山鉾彩车巡行。但到了 2014 年，恢复了"后祭"后，巡行分两天进行。

现在的祇园祭从 7 月 1 日民众入园开始进行，2 日举行抽签，大概在 10 日举行建彩车仪式，12 日前后"曳初"，京都市中心的祭祀活动随着祇园囃子（伴奏）而推向高潮。17 日的大前夜称为"宵宵山"，前夜称为"宵山"。在举行山鉾彩车活动的周边，因夜市游客的增多而变得十分嘈杂。另一方面，作为八坂神社的祭祀活动，17 日傍晚的神幸祭，三个神舆轿子从神社扛到御旅社，24 日举行还幸祭。

祇园祭原本是为了驱逐流行于城市里的瘟疫的御灵会之一。剑鉾彩车（"鉾"是一种长矛）是山鉾彩车的原型，展出剑鉾彩车的祭祀活动在京都也有很多。这样，在市中为数不少的祭祀活动中，祇园祭之所以最为著名是因为以室町为中心的地区，商业和手工业较发达，山鉾彩车得到了快速发展。用美丽的悬装品装扮的山鉾彩车被称为"移动的美术馆"。在举办祇园祭的季节里，室町街、新町街沿街的商家将自己秘藏的屏风和字画摆放在店铺前，让过往的行人赏心悦目。这些屏风是室町繁荣的象征。

现在室町街被御池街隔开了。在太平洋战争末期，为避免因空袭产生火势延烧，京都市内一部分街道上的建筑物被强制疏散。御池街、五条街、堀川街是其中的代表。在江户幕末期间，这一带有许多实力雄厚的商家。如面对室町街，在二条街以北，有誉田屋和越后屋；在二条街以南，有柊屋；在御池街以南，有伊豆藏、近江屋；在三条街以北，有布屋、菱屋；面向三条街，有千切屋一统；在六角街以南，有橘屋、三文字屋；在四条街以北，有伊势屋等。它们大部分从事与吴服和纺织品有关的经营活动。可是，在战乱中，因御池街扩建，祇园祭的热闹并没有由御池街延续至以北的地方。

役行者町相当于现在的室町街展示山鉾彩车的北方界线，位于室町街的姊小路街和三条街之间的中间地带，在祇园祭展示役行者山鉾彩车。紧接着，在三条街与六角街的中间地带的乌帽子屋町，在祇园祭展示黑主山鉾彩车。据传，在近世[1]的役行者町，有不少专为各藩供应物品的承办商——吴服商。在乌帽子屋町，有不少制作乌帽子的商家，但还是以吴服商家居多。

六角街以南至蛸药师街一带，称鲤山町。蛸药师街到锦小路街一带，称山伏山町。锦小路街到四条街一带，称菊水鉾町。各个町分别展示町名和该町的山鉾彩车。其中，菊水鉾彩车因元治

---

1 相当于日本中世和近代之间的时期，一般指织田信长、丰臣秀吉政权时期至江户末期。——译注

月鉾彩车巡行
图片提供：说京会

元年（1864）被烧毁没有参加彩车行列，但菊水鉾町于1953年恢复了活动。菊水鉾町的南面是四条室町的交叉路口，其以北称菊水鉾彩车，东面称函谷鉾彩车，南面称鸡鉾彩车，西面称月鉾彩车。由于该路口四面都能看到山鉾彩车而被称为"山鉾彩车十字路口"，从这个路口看，山鉾彩车看上去比山还要高。山鉾彩车因为在绘画和影像中经常被介绍而具有很高的知名度。

走进明伦学区

在室町街中，从三条街到四条街之间有许多山鉾彩车。三条街和四条街是横贯东西的街道，乌丸街和西洞院街是横贯南北的街道。在北起三条街、南至四条街之间的地带和东起乌丸街西起西洞院街之间的地带，由于曾经属于明伦小学的学区，被称为"明伦学区"。该学区内，在横贯南北的乌丸街和西洞院街，有孟宗山；在室町街，有彩车黑主山、鲤山、山伏山、菊水鉾、新町街八幡山、北观音山、南观音山、放下鉾；在东西向的六角街，有彩车净妙山；在蛸药师街，有彩车桥弁庆山；在锦小路街，有彩车占出山、天神山。祇园祭现存的山鉾彩车近半数都在这里。

下面我们从室町街出发，走进明伦学区。

乌丸街是京都市的主要大道，位于东侧，与室町街平行。乌丸街扩建，是 20 世纪 10 年代京都实施的三大基建项目之一。在此之前，它的宽度与室町街、新町街差不多，扩建后开通了路面轨道电车（即"市电"）。与此同时，丸太町街、四条街、东山街（东大路街）也铺设了路面轨道电车。除了路面轨道电车，现在还开通了地铁乌丸线。

在明伦学区东北角的乌丸三条，即乌丸街与三条街的交叉路口处，有里程元标。它是京都通往全国的交通起点。三条街是东海道西边的入口，直通江户（东京）的日本桥。由于有经营馒头屋的盐濑家，三条街一带也被称为"馒头屋町"。保存收集该馒头屋町的历史文书也很有名。

从乌丸街往南走，东侧有一口井。在中世（主要指镰仓时代和室町时代——译注），这里有祇园社的旅社。据传，旅社搬迁后这口井还在，在祇园祭期间开放。该町因为有这口井而被称为"手洗水町"。该町也是两侧町，在乌丸街的东西两侧有许多商家。据说其西侧的商家之间有小巷，长福寺就坐落在小巷里。相传丰臣秀吉改建京都时把长福寺搬迁至此。在江户时代前期的京都绘图里描绘了这一景象。一般认为，它于17世纪中叶迁至松原街。

据说，自乌丸街至长福寺的小巷，即长福寺的参道（为参拜神社、佛寺而修筑的道路）两边，似乎有许多町家，因此曾被称为"福寺巷子"。长福寺迁出后，巷子的町家数量似乎有所增加。巷子的居民从手洗水町独立出来，制定"辻子中条规"经营巷子（《手洗水町文书目录》）。在巷子深处的池子是孩子们玩耍的地方。在京都实施的三大建设工程中，池子扩建后被划入明伦小学的地盘。

从乌丸街的锦小路街到四条街的地段，被称为笋町，这里是祇园祭中展示孟宗山鉾彩车的地方。虽然在这之前，笋町没有发现完整的古文书，但近年来从该町的旧家中发现了一些古文书。

面向室町街的四个町都为祇园祭展示山鉾彩车。在山伏山町，因统合而撤销的明伦小学旧校舍成为艺术中心。1931年兴建的旧校舍是钢筋水泥结构，人们清洗外壁时曾发现，房檐用的是西班牙式的瓦。从外观来看，可见该学区资金充足以及对教育的重视。在艺术中心对面的旧明伦幼儿园，是汉学者石津灌园的旧邸遗址，现在是祇园祭山鉾彩车联合会的事务所。在菊水鉾町，有支撑明治维新后能乐界的金刚流宗家的能乐堂，但近年已迁移至京都御苑西侧（前述药屋町的东邻）。

与室町街西侧并行的新町街也被称为町小路，它与室町齐名，是知名的富有町人集中居住的地方。山鉾彩车七座并排，在宵山夜游时因有众多的夜店很热闹。在展示北观音山鉾彩车的六角町有三井汇兑店。该町现在也有许多町家，如松阪屋的采购店和京都生活工艺馆等，它们依旧呈现出当年的氛围。展示南观音山的百足屋町是京都町人头茶屋四郎次郎居住的町。在幕末，有医家新宫凉阁宅第，后来成为实业家田中源太郎的宅第。它的南面是展示放下鉾彩车的小结棚町，保管该町山鉾彩车的町会所被烧毁后，于庆应年间重建。小结棚町作为收管祇园祭山鉾彩车的町会所，是现存最古老的会所，它与嘉永年间（1848~1858）建造的地藏菩萨一道，成为京都市文化遗产。

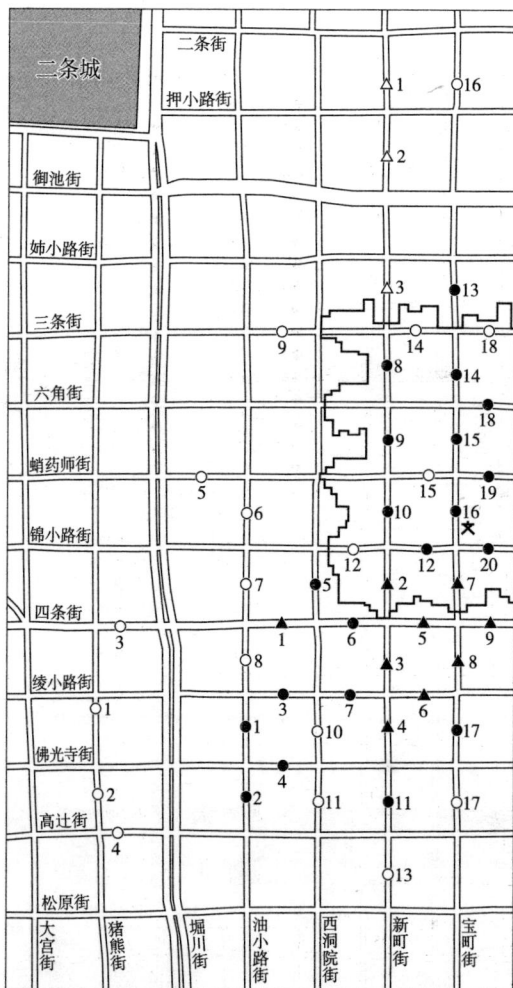

明伦学区内山鉾彩车的分布

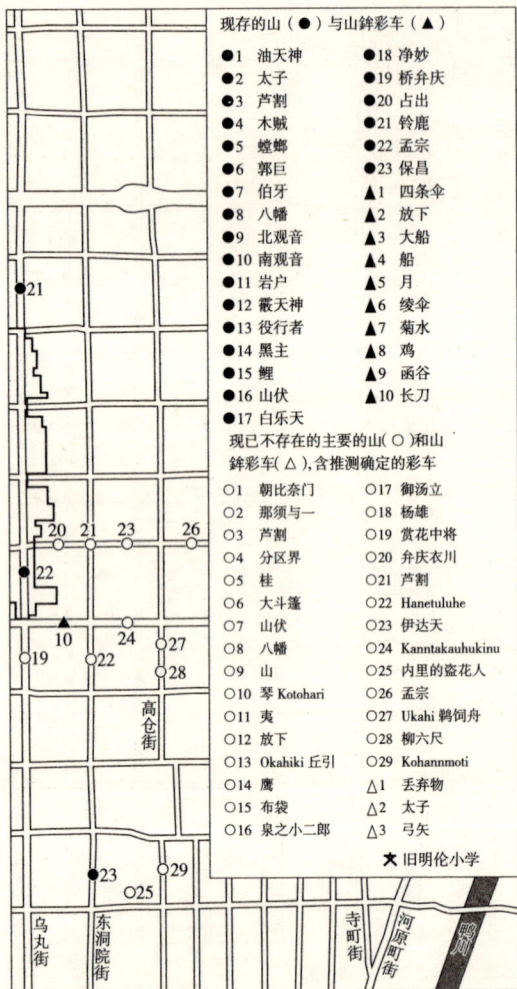

现存的山（●）与山鉾彩车（▲）

●1 油天神　　●18 净妙
●2 太子　　　●19 桥弁庆
●3 芦割　　　●20 占出
●4 木贼　　　●21 铃鹿
●5 螳螂　　　●22 孟宗
●6 郭巨　　　●23 保昌
●7 伯牙　　　▲1 四条伞
●8 八幡　　　▲2 放下
●9 北观音　　▲3 大船
●10 南观音　　▲4 船
●11 岩户　　　▲5 月
●12 霰天神　　▲6 绫伞
●13 役行者　　▲7 菊水
●14 黑主　　　▲8 鸡
●15 鲤　　　　▲9 函谷
●16 山伏　　　▲10 长刀
●17 白乐天

现已不存在的主要的山（○）和山
鉾彩车（△），含推测确定的彩车

○1 朝比奈门　　○17 御汤立
○2 那须与一　　○18 杨雄
○3 芦割　　　　○19 赏花中将
○4 分区界　　　○20 弁庆衣川
○5 桂　　　　　○21 芦割
○6 大斗篷　　　○22 Hanetuluhe
○7 山伏　　　　○23 伊达天
○8 八幡　　　　○24 Kanntakauhukinu
○9 山　　　　　○25 内里的盗花人
○10 琴 Kotohari　○26 孟宗
○11 夷　　　　　○27 Ukahi 鹈饲舟
○12 放下　　　　○28 柳六尺
○13 Okahiki 丘引　○29 Kohannmoti
○14 鹰　　　　　△1 丢弃物
○15 布袋　　　　△2 太子
○16 泉之小二郎　△3 弓矢

★ 旧明伦小学

五色的十字路口：三条室町

衣棚町位于室町街和新町街之间，面向东西向的三条街，是京都法衣商千切屋一统（现称"西村家"）居住的町。据传该町曾向祇园祭展示鹰山鉾彩车，但由于在文政年间（1818~1830）破损，之后便没有加入祭祀行列，不过在近年有复兴的动向。据说千切屋家族在三条室町出租了很多房屋，因为这些房屋墙壁颜色缤纷，三条室町也被称为"五色的十字路口"。

衣棚町的西邻，即新町街和西洞院街之间的地方称釜座町，有起源于平安时代的釜座，以及与茶道家元关系密切的手艺人。在江户时代，此町有许多釜师匠。"千家十职"之一的从事釜师工作的大西家，其所藏的资料在大西清右卫门美术馆公开展示。

骨屋町位于与三条街南面平行的六角街。骨屋町的乌丸街和室町街之间的地带展示净妙山鉾彩车。在它的西邻玉藏町，曾居住着19世纪80年代京都画坛的中心人物幸野楳岭；它的西邻西六角町，居住着一个名叫今尾景年的人。

南面与六角街平行的蛸药师街，有为祇园祭展示桥弁庆山鉾彩车的桥弁庆町和姥柳町。在姥柳町，有永禄年间（1558~1570）

加斯帕尔·维利拉创办的南蛮寺。此外，蛸药师街还有画家盐川文麟居住的不动町。明治初年，朝向西面、坡道平缓的不动町，在京都率先尝试以砖铺路。

南面与蛸药师街平行的锦小路街，有为祇园祭展示占出山鉾彩车的占出山町，展示霞天神山鉾彩车的天神山町，在中世展示松明山鉾彩车的西锦小路町。在占出山町，有于天明大火（1788）后讲授心学[1]的明伦舍，它在全国心学讲舍中占有中心地位。之所以将该地区的小学称为"明伦小学"，是因为它继承了心学培养町人这一公共活动的传统。

逐渐减少的小巷

明伦学区的热闹并不仅仅因为它位于室町街和新町街等大道，如手洗水町的福寺巷子那样，小巷很发达。这里还有许多租户家和饮食店，为不同阶层人们的生活提供便利。

位于六角街的室町街与新町街之间的玉藏町，有世代服侍足利家的广野了顿的宅第。据说，了顿精通茶道，服侍过丰臣秀吉，

---

1 江户中期，石田梅岩倡导的平易实践道德训诫。——译注

该町内的宅第地曾被江户幕府所认可。其后，随着家道衰落，宅第地被开发，出现了许多町家，于是有了"了顿巷子"的称呼。据说广野家在1884年之前一直在巷子内。了顿巷子现在从六角街向北延伸，直至三条街。

同样的情况，在天神山町南侧被开发的小巷叫作"观音堂巷子"。据传名称的由来是因为这一带有龙福寺（观音堂）。另外，巷子在途中向西拐直通新町街，从形状看也可以称为撞木巷子。

巷子（辻子）的扩展增大了京都城市街道的密度，吸引越来越多的新商家入驻。再走远一点能看到市内房屋排列的情况，这是了解巷子形成的缩影。

离开室町街，从四条街往南面走，有展示鸡鉾彩车的鸡鉾町和展示白乐天山鉾彩车的白乐天町。走过白乐天町南面，以及写字楼和商店林立的山王町安静的街区，就是高辻街。据说，山王町曾展示"御汤立山"彩车，但详情不得而知。在高辻街往西折，走过西洞院街，就会看到道元禅师示寂圣地碑，表明这里是道元生涯结束之地。从它东侧向北延伸的小巷（稻荷小巷）里有祠堂，然后就不能往前走了。近年来像这样的小巷正在不断减少，但在以前的京都是随处可见的。

在道元碑西侧，同等规模的小巷一直延伸至佛光寺街，现在被称为"东中通小街"。它是在丰臣秀吉时代，为贯通五条天神社内而兴建的，故也称"天使通小街"。就是说，小巷发达，只要是能走到下一条街的小巷，都被称为"通小街"或"巷子"，不过，走不出去的小巷也不少。在途中走进偶然发现的小巷，也许会发现与往常不同的京都景象。

天使通小街（东中通小街）

天使通小街的西面有油小路街。在祇园祭中展示山鉾彩车的町中，有位于最西面的风早町和太子山町，它们是展示油天神山鉾彩车和太子山鉾彩车的町。在太子山町，悬挂写有"奇应丸"字样的门灯的秦家仍保持着町家的生活方式。1986年秦家的上一代去世时，放弃了药品生产。不过，他们还继续接待预约前来的访问者，探索并守护町家和祭祀的意义。

如前所述，始于1966年（昭和四十一年）为期一天的山鉾彩车巡行自2014年（平成二十六年）分两天举行（"后祭"恢复），现在已经成为祇园祭的保留节目。山鉾彩车巡行中，小孩用长刀砍稻草绳的祭祀环节始于1956年（昭和三十一年），在此之前是没有的。另外，像"女人禁制"的解禁、外国人参加抽签活动这些每个町都有的祭祀活动，其方式发生了很大变化。京都曾是走在时代最前列的日本最富庶的地区，祇园祭就是这种繁荣景象的产物。面对主要承办人减少和日益严重的高龄化进程，人们不断尝试着各种办法以应对困难。

第二章

开化与繁华的街道：
新京极与祇园

京都的文明开化始于新京极和圆山公园。新京极有许多戏剧小屋和杂耍小屋，圆山公园有许多外国人喜欢去的酒店和西式餐馆。下面我们考察祇园的花柳巷孕育近代京都印象的轨迹。

到新京极，在地铁东西线"京都市政厅前站"下车，或在阪急京都线"河原町站"下车。

到祇园、圆山公园，在京阪本线"祇园四条站"下车。

到三条大桥西端，从京阪鸭东线"三条站"徒步走3分钟。

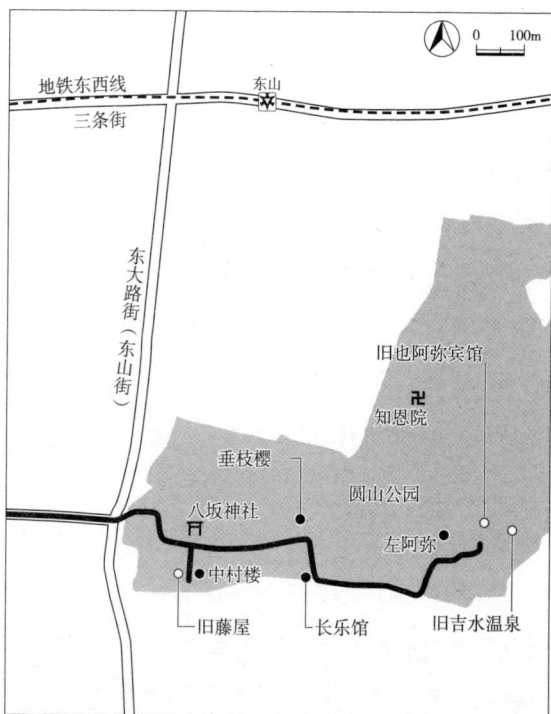

地铁东西线
东山
三条街

东大路街（东山街）

旧也阿弥宾馆
卍
知恩院

垂枝樱
圆山公园
八坂神社
左阿弥
中村楼
旧藤屋
长乐馆
旧吉水温泉

0　　100m

京都文明开化的开启

明治五年（1872）标志着京都文明开化的开启。

在这一年，由京都博览公司主办的京都博览会分三个会场举行。西本院寺会场展出农产品、矿产品，建仁寺会场展出饮料、金银加工品、陶器和漆器，知恩院会场展出吴服、生丝、武器（《京都博览会五十年纪要》）。这是日本首次允许普通外国人进入京都。国内参会者约 3 万人，国外参会者达 770 人。此外，以祇园新桥林下町新桥街的出租会场"松之屋"作为会场，为配合博览会，下京区第十五区区长、一力茶屋的主人杉浦治郎右卫门等人首创京都祇园花柳巷舞蹈大会。

舞蹈大会以开化新生的面貌示人。舞者身着柳樱衣装，分成两列，左右各 16 人，随着"唷——衣亚沙"的号子声起舞。这是模仿欧洲歌舞演出的舞伎和艺伎团体舞的舞蹈。此外，千宗室还特意为外国游客设置了站礼式的茶道，让他们也能品尝沏抹茶和煎茶。此外，作为博览会的余兴，下河原的艺伎在平野屋展示东山名所舞蹈，在下鸭川原河岸燃放烟花，在安井神社的舞台表演能乐剧。圆山公园是展现日本文明开化的场所，有许多专为外国游客服务的旅舍，京都博览会就在附近举行。之后，知恩院门前被改建成面向外国人的古董街。也是在这一年，京都府大参事槙村正直启动从三条街到四条街的新京极建设工程。

江户时期出现了一位名叫安乐庵策传的人，他以杂耍小屋[1]招徕人气，誓愿寺因此兴旺起来。槙村正直将誓愿寺到金莲寺（四条道场）[2]一带作为平民的娱乐场所，并命名为"新京极"。金莲寺同样也是因杂耍小屋和茶店所招徕的人气而繁荣起来的寺院。元治元年（1864），"上缴土地令"实施后，被大火烧毁而凋敝的寺町面貌焕然一新（田中绿红《新京极今昔话》）。

十余年后，槙村正直兴建的新京极已成为京都繁华地。久下嘉时是京都府士族[3]，隐居在竹屋町[4]。1883年（明治十六年），81岁的他写下《新京极道的哀怜余韵》（《新撰京都丛书》第一卷）。久下嘉时曾经从新京极到四条街，走过大桥，经过南座、北座一带，再穿过祇园，又从八坂漫步于圆山公园、长乐温泉一带的繁华街道。

---

1 在繁华街或神社寺院的祭典仪式上，搭戏棚表演或展示稀罕物品及动物等。——译注
2 位于寺町街（南北向）和四条街（东西向）的交叉口以北。——译注
3 明治维新后对武士出身者的族称，1947年废除。——译注
4 位于西六条街（东西向）与若宫街（南北向）的交叉路口附近以南、若宫街与七条街交叉路口以北。——译注

后来，久下嘉时从三条街往南走，经过金鱼屋、"亲玉"馒头屋，又从摇头艺屋坐三轮车走到织田卷屋。再从这里往东走，有一个温泉场。他还从新京极南下，经过嘶家菊助、砂糖屋、誓愿寺、丸万料理和蒲鉾屋，又经过和泉式部的古碑，到达古手屋、摇头艺屋、东向的戏剧院、蛸药师本堂、本屋、锦天神、女净琉璃常设小屋、花簪屋、道场的剧院、杨弓屋、大弓屋、写真镜屋、洗剂屋、寿司屋、料理屋等人流熙攘的地方，到达四条街；然后从四条御旅町经过商店林立的街区，经过修建于 1874 年的四条大桥，有"不负盛名的古都大戏剧院"的南座。久下嘉时将四条建仁寺町以东称为"花都第一游乐所"中的极乐世界。在八坂新地歌舞练习场，春夏的京都舞表演在这里举行。进入八坂神社，品

明治时期的京都舞蹈
图片提供：长崎大学附属图书馆

味平野屋经营的栗饭屋的"阿多福豆"[1]，并观赏垂枝樱。他将1883年（明治十六年）在市内建成的温泉称赞为"文明开化之所"，可以医治百病。

明治维新的舞台

现在，我们沿着久下嘉时于文明开化时期走过的繁华街道走一走。

在作为东海道的终点——有石组残存（天正年间）的三条大桥的西面桥头处有布告场。从这里到河原町的中岛町，有许多从江户时代留下来的旅馆。在三条大桥西面桥头的龟屋、布袋屋，从明治末年到昭和战争前期，有许多修学旅行学生在这里住宿。

三条小桥西侧有一个显彰碑，为纪念元治元年（1864）新选组袭击宫部鼎藏等尊王攘夷的志士而建（维新史迹池田屋骚动碑，京都市教育会，1927）。1928年（昭和三年）昭和大典和史迹保存的工作从内务省移交文部省时，曾做出各种表彰明治维新的举

1　用红糖、酱油煮的大粒蚕豆，形状与"多福"面具相似。——译注

动，如三条小桥东侧的"佐久间象山[1]先生遇难之碑""大村益次郎[2]卿遇难之碑"（料亭新三浦、白井凌三，1935），以及河原町蛸药师下的"坂本龙马[3]、中冈慎太郎[4]遇难之地"（京都市教育会，1927）等。在这里，作为明治维新舞台的京都正式登场。

作为东海道终点的三条大桥，同时也是象征文明开化的场所，依然保存着很多遗迹。因为直到 1877 年（明治十年），在京都南端的七条停车场建成之前，东西大通道——东海道是将人和物运往京都的大动脉。因此，在乌丸三条大桥，有京都市里程起点的标志，但仅仅从三条大桥到这里为止的路段，就可以看到 1906 年由辰野金吾设计的旧日本银行京都支店（现为京都文化博物馆别馆）、1902 年竣工的文艺复兴时期建筑样式的旧京都邮政电信局（现为中京邮局）、1890 年建造的用砖砌成的家边德钟表店等明治时期的建筑物。另外，1928 年竣工、由武田五一设计的三条街御幸町的旧《每日新闻》京都支局（现为 1928 大楼），带有装饰派艺术风格的照明艺术特征。昭和战争前期，知名记者岩

1　1811~1864，江户末期的学者，初学朱子学，后从事兰学研究，主张学习西欧的科学技术，充实国力，后在京都被攘夷派暗杀，门下有胜海舟、吉田松阴等。——译注

2　1825~1869，幕丰兵法家，指挥戊辰战争，奠定日本近代兵制的基础，后遭暗杀。——译注

3　1836~1867，土佐藩武士，师从胜海舟，促成萨长同盟，说服藩主大政奉还，后遭暗杀。——译注

4　1838~1867，土佐藩武士，尊王攘夷派浪士的首领，组建讨幕组织，与坂本龙马一起被暗杀。——译注

井武俊等人首次在此大厅举办面向市民的历史公开讲座。岩井武俊同时以该支局为舞台大力展开前述的明治维新的表彰举动。在三条寺町，还保留着1873年创建的最具代表性的日式火锅——三嶋亭的建筑。

在三条街新京极入口北侧有创建于明治元年（1868）的荞麦面屋"田每"，这里常有东海道的车马往来。在新京极三条的东南角，有永乐屋细辻伊兵卫商店（新京极三条店）。永乐屋是棉布商，创建于元和元年（1615），但它的支店经营临摹绘有明治初期到昭和初期图案的布手巾。直到2011年，在此场所，还有销售版画和礼品的"樱花井屋"。樱花井屋关店时，贴了一张公告，写道："由于自天保年间手刷木板职人越来越少，本店制作传统的商品越来越困难。"樱花井屋是天保时期创立的绘草纸屋。昭和初期，出售的绘图信封由小林嘉一设计，采用法国装饰派艺术中以"对天主教的憧憬"、阴茎状的游览船、玫瑰、铃兰等为主题的幻想式观念。这位具有幻想式观念的画家小林嘉一是友禅下绘的画工，这一点于2007年得到证实。大众社会各种各样的设计就是来自这位默默无名的职人画工。大众的流行风尚从三条街传入新京极。

小林嘉一绘画的信封
高木博志所藏

艺术剧场与电影中心：新京极

近世时期，在寺院集中的寺町，寺社内的表演活动如宗教行事等活动方式发生了变化。到 19 世纪，在寺町三条至四条，即后来的新京极一带变成了常设的表演地点。明治初期，许多寺町有收费表演，如金莲寺、欢喜光寺、锦天神、了莲寺、安养寺、圆福寺（蛸药师）、西光寺（寅药师）、诚心院（和泉式部传承）和誓愿寺等。金莲寺有吸引客人的歌舞伎和净琉璃表演，由于来客蜂拥而至，因此寺院里还有餐馆和其他店铺。欢喜光寺、锦天神和诚心院也有歌舞伎和净琉璃表演，了莲寺和安养寺有杨弓[1]，圆福寺有歌舞伎表演，西光寺有净琉璃表演，誓愿寺除了歌舞伎、净琉璃、杨柳弓表演外，还经营餐馆。森栗茂一氏没有在行政史料中发现关于新京极开发的记述，他认为京都开发并不是按槇村正直有关迁都东京后京都的复兴政策进行的，而是一部分有地位的官吏和香料商以权谋私的"逐步开发"。

1881 年（明治十四年）的新京极，成为日本戏剧（特指歌舞伎和新派剧等）、肢体狂言、诙谐故事狂言等演剧和杨柳弓游戏的场所，娱乐活动与江户时代社寺内的表演相比，增加了许多内容。此外，小豆粥、日本火锅、寿司等饮食店，以及照相馆，是人气

1　用杨柳制作的游戏用的小弓，也指用此弓射击的一种赌博活动。——译注

聚集的地方。其中位于尾张（现称尾阳）的制作面食的"更级"店、制作善哉饼的"丹金"店（现"乙羽"寿司店）都是与今天的餐饮名食有密切联系的店铺。到了大正时期，新京极收缩为商品贩卖、电影院、寄席[1]的场所，而到了昭和初期，由于有声电影的引入，电影院成了最热闹的地方。

1923年（大正十二年）至1927年（昭和二年）期间，从京都府看电影的入场人数看，每年估计有200万人。以1928年为界，自1929年至1933年入场者猛增4倍，约800万人。其中八成以上为进入市内看电影的人。京都迎来了大众社会的成熟与有声电影的全盛时期（从1931年开始）。明治、大正时期多样化的落语、讲谈、浪花曲、源氏曲、琵琶等从业艺人不断减少（《昭和八年京都府统计书 警察》）。

关于新京极，自明治初年保存下来的"乙羽"寿司店的主人河原芳博曾有如下回忆："数十年前的新京极街与六角街的派出所旁边，50钱（100钱为1日元——译注）能看一张活动照片，面条可饱吃一顿，甚至能买小礼物。那里有高耸云端的火见橹，金莲寺商场播放的大正琴充满乡愁的旋律，明治时期特有的韵味仍

---

1 日本传统小剧场，演出落语、讲谈、慢才、杂耍等大众曲艺节目。——译注

三条街

西侧部	东侧部	
亲玉（包子）	锦鱼亭（金鱼、善哉饼）	
角仓玄远（摄影师）	冈崎一直（摄影师）	
四季亭（精进料理）	龙玉堂（银工艺）	
天狗（善哉、馅饼）	樱山（本弓室内射击）	
於多福（酒肴、饭）	富士山（杨弓）	
末广（包子）	目镜亭（鳟料理、吹寄店）	樱之町
播山（本弓射场）	阪井座（抖身狂言）	
养老轩（精牛肉）	柴山（本弓）	并排在上面的六角街
林山（杨弓）	小林（借马）	
三龟（寿司）	有山（杨弓）	
夷谷座（抖身狂言）	雷山（室内射击）	
笑福亭（滑稽昔非定席位）	三茄子（杨弓）	
	二鹰（杨弓）	
	一不二（杨弓）	
都山（杨弓）	千岁（碗蒸鸡肉蛋面、面类）	
玉山（杨弓）		
梅山（杨弓）	加藤谷五郎（牙科）	
更级（尾阳制面类）	暴亭（面类）	
演剧（东向）	○万支店（善哉）	中筋町
万岁（面类）	○万（海河鱼、日本火锅）	
大松亭（善哉）	末广支店（馒头）	
八百岩（菜肴）	鹤屋（东向演剧茶屋）	
	安乐亭（东向演剧茶屋）	
大六（海河鱼料理）	西村（本弓射击场）	
太田权七（诸报纸杂志、图书、医药）	福家（抖身狂言）	
相生轩（精牛肉）	石井万丸（演史）	
荣福亭（精牛肉）	高木（摄影师）	
尾崎（演史）	松川馒头（麦馒头、西瓜）	东侧町
柴山（本弓射场）	△Takoyakusinozuji	
京锦亭（善哉）	舟山（杨弓）	
	日出（包子）	
松家（净琉璃女太夫）	大富士（鹭不知）	
车饭（预备所）	鸟丰（Hiru、Kasiwa）	
鸡棚（演剧茶屋）	Isami（寿司）	
千切屋（演剧茶屋）	彆亭（寿司、酒肴）	中之町
演史定席	龟山（本弓射击场）	
柴田（妇女用化妆品、装饰品）	文山（本弓射击场）	一样的十字路口 一般认为曾位于
寿（衿类）	马德（借马）	
大黑（饼）	佐野新（海河鱼料理）	
长井忠藏（摄影店）	歌舞练场（先斗町游女）	
中村藤七（摄影店）	演剧（道场）	
丹金（善哉饼）	花游轩（精进料理）	

四条街

新京极1881年（明治十四年）的复原地图

新京极联合会《新京极》，同朋舍，根据1972年的情况作图。

未消失。在光线亮时，得到发送的折扣券，10 钱就能享受电影带来的快乐。这些都是现在想起来仍觉得不可思议的事。"

从三条街往新京极街南下至蛸药师街北侧，面向六角街有自明治初期兴建的阪井剧院，自 1891 年（明治二十四年）起成为常磐剧院，上演歌舞伎和川上音二郎的嘲讽剧。不过，遭遇火灾后，白井松次郎、大谷竹次郎于 1902 年（明治三十五年）兴建了日本特色极其浓郁的明治剧院，并在新京极创建了松竹合伙公司。同年，该公司经营的剧场就有明治剧院、歌舞伎剧院、夷谷剧院、大黑剧院、布袋剧院。他们与中村雁治郎加深了友谊，并于 1906 年，进入大阪表演界。在誓愿寺的对面有夷谷剧院，1900 年（明治三十三年）归松竹公司经营，并于 1938 年（昭和十三年）改名为松竹剧场。明治初期，久下嘉时曾从四条街上花游小路东侧，在道场散步，并观看表演。松竹剧场后来在经历了阪井剧院、松竹经营的新京极歌舞伎剧院和 SY 京映等时期后，最终成为废馆。

明治维新后率先开展表演活动的寺院是誓愿寺。在以誓愿寺为舞台表演谣曲（能剧的台词、脚本——译注）的《誓愿寺》歌舞中，虽然和泉式部以菩萨的形象出现，但这里是中世培养熊野比丘尼等女性传教师的场所。生活在从战国时代至江户时代前期的安乐庵策传，为京都所司代板仓重宗创作了笑话《醒睡笑》，并成为日本话艺[1]的鼻祖。在誓愿寺门前，有"迷路人须知"石碑。在石碑的北侧，刻有"了不起的人"，南侧刻有"告知人 松荣坊"，这些是 1882 年由下京六组的有志者创建。它与八坂神社南楼门外侧的"月下冰人石"一样，不仅充当在繁华的新京极迷路者的指路人，并且在地震、火灾、饥馑发生时还能起到传送信息的作用。

在新京极街与六角街交叉口附近以南，有祭拜和泉式部的诚心院和信仰药师如来的蛸药师堂（妙心寺）。在反映京都经济状况的锦缎市场的东端，有锦天满宫镇座。直到明治五年（1872）神佛分离，锦天满宫一直是除疱疮的神的宫殿，它与时宗[2]的根据地——欢喜光寺（现在已移至山科区）是合为一体的。这些寺町、新京极的寺院因丰臣秀吉的都市改造工程而聚集在一起。

在寺町街与蛸药师街交叉口附近以北，有太田权七经营的太田印刷所，经营范围包括报纸、杂志、图书、医药。从 1881 年起发行的《我乐多珍报》，在久保田米仙退出后，由宫田小文等人担任编辑，它既是诙谐杂志，也是言论杂志。

1　通过说话技巧给人以愉悦的艺术，包括讲谈、落语、慢才等。——译注
2　日本净土教系的宗派，镰仓中期由一遍上人创立，主张念佛时要经常将日常生活当作临终前一刻来考虑。——译注

四条道场、金莲寺地盘宽，曾拥有从锦小路到四条街的寺院，西起寺町街，东起里寺町街。它是时宗四条派的统领寺院，藏有《一遍上人绘传》，在室町时代拥有很大的势力，但在"天明大火"之后，寺区内出现戏剧小屋、杂耍场、料理店后就衰落了。顿阿的和歌[1]、千鸟池、杜鹃松等都是让人想起过去繁荣景象的名胜地。该寺院于 1926 年迁移至北区鹰峰。新京极入口处的安产地藏菩萨和吸引信仰者的染殿地藏菩萨曾经是金莲寺内的遗迹。

　　走出新京极，四条街南侧有祇园御旅所。祇园祭从 7 月 17 日开始起驾神舆，在活动期间曾停留于此。根据京都的三大基础设施建设（第二琵琶湖水渠建设、上水道整备、道路扩建 / 市电敷设）的实施，对四条街进行扩建。1912 年，祇园御旅所从四条町移至此地。从四条街往东走，会看到四条河原町的十字路口。高岛屋起源于天保时期（1830~1844）成立的吴服商，于 1948 年从乌丸高辻移至四条河原町。在四条大桥西端北侧，到三条街一筋南的先斗町歌舞练场一带，有江户后期幕府许可的花柳巷先斗町。先斗町从明治五年春天开始举办鸭川舞会。先斗町歌舞练场是带有和洋结合装修风格的四层钢筋水泥建筑物，由武田五一担任监

1　日本文学中具有代表性的诗歌形式之一，以每句五音和七音为基调的长歌、短歌、旋头歌的总称。狭义的和歌指短歌，即 5、7、5、7、7 共五小句 31 音节的诗歌。——译注

督、大林组的木村得三郎施工建设。四条大桥西端南侧的西班牙巴洛克式的矢尾政西餐馆建于1927年，由沃里兹设计。1945年末京都东方文化研究所专属的中餐厨师开设了经营北京菜的东华菜馆。

现在的四条大桥于1913年竣工，外观十分时髦，由京都市的工程师森山松之助设计，并没有采用德国的直线式装修法。它取代了明治末年三大工程的公路扩建与市电建设项目中的鸭川桥。这时的京都市将近代西方的钢筋水泥技术用于四条大桥和七条大桥的建设，对此，京都府的做法是侧重保存传统的景观和遗迹，兴建带有模拟宝珠的"桃山式"复古情调的三条大桥和五条大桥。

四条河原是桃山文化中大放异彩的阿国歌舞伎文化的滥觞之地。在元禄时期，四条河原的鸭川东岸有很多戏剧小屋：四条街北侧有二家，南侧有三家、大和大路以北有二家。为迎接明治维新，在四条大桥东端，北剧院和南剧院有实力的戏组相互竞争。不过，在1885年（明治十八年），下京区居民因为四条街北剧院和南剧院的建筑物存在危险，而且不清洁，因而提出改造成更美观，同时也适合于"显贵"观览的建议。鸭川东侧的四条街原来不足三间（约5.5米），1894年（明治二十七年）北侧扩建达5间（约9米），北剧院由此废止，1912年敷设市电。

祇园的花柳巷

从近世开始，祇园是参拜祇园社（祇园感神院）的必经之路。

今天，在京都观光表演艺中，舞伎与"招待文化"是重要的要素。西本愿寺西面与花柳巷无缘，岛原艺人的表演并不涉及性，只是观光表演艺的一种。在2001年10月21日的《京都新闻》中，刊登了京都女子高中生"为艺人（太夫）盛装游行仪式欢呼"、学习京都文化、提出"怎样才能成为艺人呢"问题的报道。以前，岛原的艺人与性是结合在一起的，例如，田中泰彦的《京都花柳巷见闻录》里，《岛原角屋登楼记》一章收录了1925年（大正十四年）、1931年（昭和六年）有关"购买艺人"等详细报道。1956年《卖春防止法》公布以前，日本确实存在公娼制、人身买卖，或原先的舞伎成为依附于艺伎馆老板的艺伎的现象。在今日的观光宣传里，祇园等地的花柳巷已被美化成缺乏历史依据且隐藏了性交易的"招待文化"。现在日本有关性方面的制度和社会结构，与前近代至1956年经济高速发展以前的日本社会有着很大的不同。

安政五年（1858）五月，8岁的登米（Tome）从东本愿寺附近的町出来，以"养子娘"（"游女"）的形式与父母了断了关系，并以 1 两 2 分银的价钱被卖给祇园町。庆应二年（1866）八月，以 6 两银的价格被继父出卖的菊也成了"倾城游女"那样的、一种被认可的"卑贱的奉公"（祇园町文书 86、144、150，京都大学综合博物馆所藏）。根据 1908 年的统计，在 1881 年（明治十四年）被分为甲部和乙部的祇园中，在祇园甲部（四条街南侧），艺伎就有 540 人、娼妓 91 人；在祇园乙部（四条街北侧、祇园东），艺伎有 64 人、娼妓 178 人（《明治四十一年京都市第一次统计书》）。

祇园甲部之所以成为花柳巷新地，是因为 18 世纪前半叶建仁寺重建佛堂而引发资金困难，为解决资金问题开发寺内用地，在宝历十一年（1761）以后，岛原[1] 成为京都花柳巷的管理中心。其后，经过幕末、维新时期的变迁，岛原的支配网涉及祇园町、八坂新地（清井町）、二条新地（先斗町、清水、白梅图子）、上七轩、下森（内野五番町、内野四番町）、七条新地（宫川町、五条桥下、壬生）、新三本、下河原（辰巳新地）等地。到了 19 世纪，岛原开始衰退，祇园作为游乐场所而日趋繁荣。位于四条街北侧的祇园乙部是娼妓集中的地方，四条街南侧的祇园甲部是舞伎、艺伎的据点，这一变化的原因与祇园町南侧的发展有关。

1　这里指位于京都市下京区西部的花柳巷。——译注

明治三年（1870）岛原的一元化管理体系被废止，取而代之的是京都府直接颁发证书的体制。明治五年（1872）十月，日本政府颁发了"艺娼妓解放令"，但京都府同时允许岛原作为会场出租的营业，不久还设立了日本第一个作为"游所女红场"的关照妇女职工的公司。八坂女红场学园拥有建仁寺上缴的土地后，对景观进行整备。

这件事可以象征性地说明，祇园町南侧的发展与观光相结合，使得舞伎创造出在艺术上有所创新的舞蹈。京舞井上流派于1893年（明治二十六年）前后落户祇园。它与能剧、人形净琉璃、歌舞伎、盂兰盆会舞等一道流行于江户时代后期至明治初年的京都以及山上的佛寺。京舞井上流派受到祇园花柳巷的保护，因吸收了人形净琉璃和能剧的特点，女性舞蹈的格调曾经是很高的。由此，"祇园的井上流派京舞是特殊舞蹈"的说法流传于20世纪的日本。

自1923年（大正十二年）起的两年半时间，画家岸田刘生来到关东大地震火后的京都，在花柳巷过着放荡的生活，画出了舞伎图《舞伎里代之像》。黑田清辉、竹内栖凤、土田麦仙等人创造了毫无现实生活感的理想化的舞伎形象。甲斐庄楠音、秦照雄等人描绘的娼妓和花柳巷世界也与原来的娼妓世界完全不同。尤其是在第一次世界大战后的20世纪20年代，在娼妓较多的宫川町七条新地祇园乙部，由于城市的男性劳动者与游客大量增加，出现了卖淫者大半为处女的现象。

截至 2007 年，祇园甲部艺伎 86 人，舞伎 28 人；宫川町艺伎 40 人，舞伎 27 人；祇园东艺伎 11 人，舞伎 5 人。自 1965 年起，艺伎的人数在整个京都五花街（祇园甲部、祇园东、七七轩、先斗町、宫川町）艺伎舞伎总人数中不足三分之一。但是，从 1995 年起，艺伎人数维持在 200 人左右，而舞伎的人数逐渐增加。据相原恭子的说法，在今天，网络上也有志愿成为舞伎的女性。据说，在花柳巷，"性的问题无视女性的意愿，任由别人决定的情况"已经绝迹。

第一届京都博览会

从祇园往东走，来到八坂神社于明应六年（1497）兴建的西楼门。在平安时代，八坂神社是二十二神社之一。祇园社（祇园感神院）以牛头天王（近代为素戋鸣尊）为祭神。在江户时期，除了祇园社的执行（社僧长官建内家）机构宝寿院之外，八坂神社与塔头[1]、坊官家一起构成神佛调和的空间。明治维新后，在院内

---

1 指在禅宗中，大寺的高僧去世后，弟子为仰慕其德在墓旁修建的宿舍，或指大寺院内的小寺院。——译注

兴建了圆山公园。

明治四年（1871）一月公布的"土地上缴令"，曾经使八坂神社、安养寺、长乐寺、双林寺界内的圆山一带，土地所有权发生了变化。1873 年 1 月公布的太政官[1]布告，东京的浅草寺、宽永寺，以及京都的"八坂社清水寺内岚山"变成了"万人皆乐"的公园。东京设置了浅草公园、上野公园，而京都则到 1886 年之后才设置圆山公园。

安养寺的塔头有多藏庵、左阿弥、也阿弥、庭阿弥、莲阿弥、正阿弥六所庵。在近世后期，因为这块土地有茶店、饭馆和出租的房间，成为文人雅士喜爱的游乐场所。自圆山应举晚年直到元治元年（1864）横山清晖去世，长达 70 年的时间，圆山四条派举行春秋两次的东山新书画展。在幕末，正阿弥、双林寺、长喜庵成了举办新书画展的会场。18 世纪，池大雅也和茶屋的女儿玉澜一起在真葛原经营葛覃居。到了维新前后，圆山一带依旧繁华，多藏庵于 1873 年（明治六年）取代了温泉疗养的吉水温泉，在模仿金阁寺建造而成的三层楼阁上可以俯瞰全市。左阿弥是唯一留存至今的饭馆，出售梅酒、烧饼等有名食品。1879 年，长崎县导

---

1 明治初年日本的最高行政机构，1885 年内阁制成立后被废除。——译注

明治前期的吉水温泉（山腹的中央）
图片提供：横滨开港资料馆

游出身的井上万吉创建的也阿弥酒店合并其他庵而繁荣起来。然而，在1906年（明治三十九年）因遭受两次火灾而停业。

在明治五年（1872）的京都博览会，允许进入京都的外国人在圆山一带入住。八坂神社的南面有两家茶屋。在近世，穿着红色围裙的女性提供豆腐等菜肴。东侧有中村屋，西侧有藤屋。在两家茶屋中，中村屋利用京都博览会的契机提供西餐，成为有8间餐室的中村楼，西侧的藤屋于1877年变成了拥有20间客室的西式旅店的自由亭。自由亭由神户的前田又吉经营，后来从常磐酒店发展为京都酒店，带动了京都酒店业的发展。

1873 年，山本觉马特意为京都博览会制作了最早的英文手册：《京都名胜及周边景点对外宣传手册》。手册从第三条开始，先后介绍了博览会举办的御所、祇园、知恩院。在介绍圆山时说，来博览会的外国人可以从住宿的酒店眺望京都，春天从圆山公园的饭馆可以鸟瞰满开的樱花。

圆山公园的樱花成为文明开化的象征。直到幕末，在祇园社的执行机构宝寿院的庭园内，可以欣赏从庭园外探进来的盛开的樱花。神佛分离后，宝寿院消失了，明石博高花五两金维护的垂枝樱成为圆山公园的标志性风景。圆山公园向市民开放，这里有篝火，有面向外国游客的酒店、西餐馆以及时髦的京都舞会。在京都以东山为背景的垂枝樱特别美丽。而且，这些景色也出现在竹内栖凤和东山魁夷等人的诗歌里。

第一届京都博览会外国参会者人数为 770，而到 1887 年（明治二十年），人数达到 1215。在明治初年，林新助（古门前绳手东入）开始向外国游客出售古代美术品。明治十年代（1877~1886），法国人集美 [1]、英国人安德森、美国人芬诺罗萨 [2]

1　埃米尔·集美，法国实业家，1888 年建立集美美术馆，展示他所搜集的古代美术品。——译注
2　美国的哲学家、美术研究家，1878 年来日本，曾在东京大学讲学。——译注

来到京都，在店头购买了最优质的古代美术品。到了明治三十年代（1897~1906），在面向外国游客的酒店中，京都酒店（河原町御池）、都酒店（蹴上）、也阿弥酒店是其中的代表，都集中在东郊。这里有高岛屋饭田新七东店（乌丸高辻）、西村总左卫门商店（乌丸三条），它们是面向外国人的大吴美术商店。此外，在寺町街与四条街交叉口附近以南，有绍美荣祐。新门前街、古门前街、绳手街沿街一带是美术商业街，这里有林新助和池田的合伙公司"横山"及驹井音次郎等人的美术商店。在三条街以东的粟田周边，有 1905 年（明治三十八年）开设的锦光山宗兵卫商店（山中吉郎兵卫商店京都支店）。经营七宝烧[1]的并河靖之商店在白川沿岸，有日式与西式风格结合的接待厅，向外国游客出售最优质的美术作品。久迩宫家也从事七宝烧职业培训事业。

另外，明治三十至四十年前后，在八坂神社的红色门牌坊（日语称"鸟居"，下同——译注）外东侧，有许多游艺场如大弓场、达摩落等。有很多人关注为客人拾弓的女性（田中绿红《圆

---

1 七宝烧即铜胎珐琅器，已有 500 年的历史。因其烧制工艺源于中国的景泰蓝，故被称为"日本的景泰蓝"。在日本，人们常以金、银、琉璃、水晶、白珊瑚、珍珠、玛瑙等七种材料装饰佛教建筑，制作佛门圣物，这七种材料被称为"七宝"。铜胎珐琅器晶莹瑰丽，具有"七宝"的特征，故称"七宝烧"。——译注

山公园》，绿红丛书）。明治末年，善于描绘京都市井风情的画家千种扫云留下了一幅描绘在大雪之日圆山射箭场沉思的女子的作品《无忧无虑的日子》（1909 年，京都国立近代美术馆藏）。

千种扫云《无忧无虑的日子》
（1909 年作）
图片提供：京都国立近代美术馆

第三章

一条寻求救赎的希望之路：
清水坂

从松原街（相当于原来的五条街）往东走，走过鸭川，来到清水坂。在中世，清水坂作为清水寺的参拜路，一方面人来人往，很热闹；另一方面，它又是饱受疾病折磨的病患和饥荒者的聚集地。现在我们一起寻找它的痕迹。

去旧五条街（松原街），在京阪本线"清水五条站"下车，沿川端街北上。

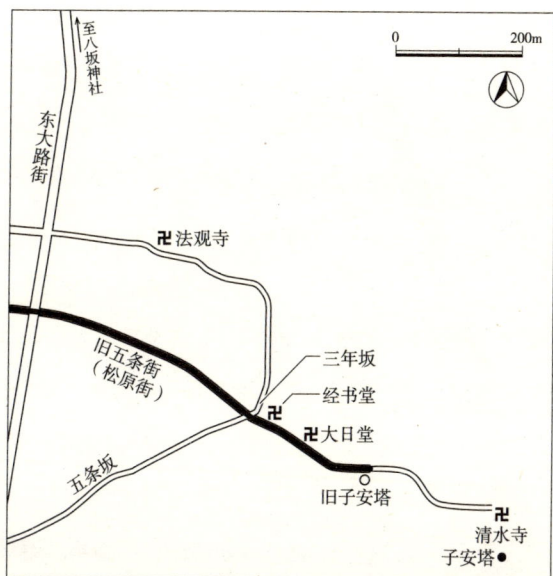

至八坂神社

东大路街

0　　　　　　200m

卍 法观寺

旧五条街
（松原街）

三年坂

经书堂

卍 大日堂

五条坂

旧子安塔

卍 清水寺

子安塔 ●

可鸟瞰京都市街的著名寺院：清水寺

　　清水寺是京都非常知名的寺院，一直吸引着众多参拜者和游客，而且有可鸟瞰京都市街的"清水舞台"。清水寺门前卖土产的小商店一家挨着一家。经过门前的街道大体有三条：①从五条街通往五坂坂、茶碗坂的路，②从八坂神社、高台寺方面通往二年坂、三年坂的路，③从松原桥（旧五条桥）通往门前上清水坂的路。其中，从鸭川边东上清水寺的清水坂是延历年间（782～806）清水寺创建时兴建的参拜路。自古以来，它是通往清水寺以及东海道的交通要道。

　　现在，从③的这条路走向清水寺，许多游客大都选择横穿清水坂中段的东大路街拐至门前，而不是清水坂起点的鸭川附近。其中的原因可能是东大路街是人们往返于观光地的路。不过，考虑到这条路的来历，不应忽视从松原桥旁通往东大路的，从清水坂起点一带所具有的特点。通往清水寺的参拜路是以原来五条桥的松原桥为起点的。我们从成书于12世纪的《梁尘秘抄》卷二"到通向清水的路、京极下五条为止，石桥、东桥头、四栋、六波罗堂、爱宕寺、大佛、深井等，都必经此地到八坂"的记载中可以清楚地了解这一点。而且，被认为成书于16世纪中叶的《清水寺参诣曼荼罗》（清水寺本）也描绘了人们从五条桥进入清水坂、走

从松原桥到清水坂

向清水寺的情景。下面我们根据绘图等资料，考察起于旧五条桥（松原桥）的参拜路的历史。

首先，《梁尘秘抄》中"去五条，走石桥"的"石桥"可以看作是五条桥（现为松原桥）。原来的五条桥如《清水寺参诣曼荼罗》描写的那样，被中岛（中洲）一分为二。而且，中岛上有作为阴阳师的据点的法城寺。法城寺是举行祭拜祖先安倍晴明，结合鸭川治水信仰的一种民间活动的地方。根据濑田胜哉氏的研究，在丰臣政权期间强制畿内的阴阳师搬迁至尾张国时，法城寺的治安出现了混乱。据说，在向三条桥东边（现在的心光寺）转移的时候，中岛也消失了。在同一时期，在五条桥的东南面兴建了方广寺及丰国神社。这样，连接它与京都城的道路就被称为五条街，在新五条街处架的桥就是五条桥。

大杂院"长栋堂"：为麻风病人而建

走过旧五条桥，有一个曾被称为"四栋"的设施，就像《梁尘秘抄》中所说的"东桥头，有四栋"那样。而且，据下坂守氏的研究，这个"四栋"相当于《清水寺参诣曼荼罗》中所描述的"长栋堂"的前身。长栋堂是作为麻风病人的居所而兴建的大杂院，院中有一扇观音屏风。

居住在清水坂入口的人行乞一事在11世纪得到确认。在藤原实资的日记《小右记》里可以看到"六波罗蜜坂下之者""清水坂下之者"接受贵族施舍的记录（万寿四年十二月四日，长元四年三月十八日）。这些人不断聚集在一起，在13世纪形成了以"长吏"为户头，将癞病（麻风病）者定为社会下层的多层级自治团体。最初，有清水寺僧人身份的长吏是山门末社[1]祇园社的"犬神人"，其与将兴福寺末寺的清水寺作为自己的末寺的比叡山延历寺（山门）一道，接受山门及祇园社的管理。

---

1 末社隶属于总神社的分神社，等级次于摄社。——译注

而且，长吏除了在送葬方面获得利益之外，还在祇园祭巡行时作为"犬神人"担任佛事和警备的工作。甚至他们在管理京都"上下町中"行乞的重病"非人"[1]时也收容了在京都市中出现的癞病人（《金刚佛子叡尊感身学正记》，建治元年八月二十七日）。据传，当时的"癞病"不仅包括麻风病，还包括疥癣等疾病。带有污秽疾病的下层人被规定居住在城市限定的场所，成为被管理的对象。根据黑田出男氏"由于饥荒、慢性饥饿状态及恶劣的卫生状态，民众不得不直面带有阶级歧视色彩的那种疾病"的说法，清水坂是挣扎于贫困和疾病的城市民众重要的居住地。据细川武稔氏的分析，这种情况跟清水坂位于城市周边地带，清水寺瀑布的流水可以治愈癞病以及子安塔光明皇后与癞病者的因缘有关。

在《清水寺参诣曼荼罗》中，清水坂入口处有长栋堂和城门。城门位于清水寺门前的道路上，算上该入口的城门共有四个，四个城门隔成新的空间。关于这一点，下坂氏已有详细论述。在这里，值得注意的是，应永三十二年至三十三年（1425～1426）的"酒屋联名书"（《北野天满宫史料 古文书》62号）里，的确有"清水坂一城门北颊""木春"的存在。

1　指江户时代从事刑场杂役和低级游艺工作的人。——译注

《清水寺参诣曼茶罗》方框里的部分是长栋堂
图片提供：清水寺

　　如果将"一城门"看作清水坂的第一个城门即入口城门的话，那么，必定有酒屋与长栋堂并排在一起。据此，在前面提到的 14 世纪中叶祇园社的执行显诠的日记里，有"清水坂、三条町等店屋无数""清水坂店屋无数，领略建仁寺的镇守之风貌"以及在清水坂，有"店屋"并排等记述（《八坂神社记录》上，康永二年十一月十三日。观应元年九月九日）。另外，还多次出现"清水坂大通堂仓"（康永二年十二月二十六日）以及有关清水坂金融业者的记述。据说那些接受施舍的"非人"之所以集中生活在清水坂，是因为它是热闹的参拜路、交通通道和人们交往的场所，可见与清水坂自身特点有密切关系。因此，这里尽管是癞病者被人回避、歧视等带有污秽色彩的地方，但是，它并不是近代之后形成的隔离地，而是清水坂或城市开放性的体现。

据横田则子氏的研究，到了 17 世纪，长栋堂成为清圆寺，在五条中岛上曾有法城寺和晴明坟，以此作为围墙形成了癞病者居住区"物吉村"。但在物吉村之东，即横穿现在的大和大路街前面的松原沿街，是长吏"犬神人"居住的弓矢町。弓矢町除了专事矢弓的制造、销售外，还承担祇园祭神舆警备等任务。

另据小出祐子氏的研究，到了 18 世纪，建仁寺为增收地皮税，大力推进弓矢町及六波罗蜜寺附近建仁寺门前町家的开发。清水寺的景观为之一变。到了明治四年（1871），在"解放令""劝进禁止令"发布前后，物吉村被取缔。其遗址成了上缴地（《京都坊目志》）。直到 1925 年（大正十四年），在这之后，在弓矢町的爱宕念佛寺也沿用原名，迁移至嵯峨牌坊处。

爱宕念佛寺遗址石碑

现在，在松原街沿街北侧，立着爱宕念佛寺遗址石碑。据贞享三年（1686）刊行的《雍州府志》以及江户时代地方志记载，每年正月二日之夜，犬神人聚集于此寺，举办完"天狗酒宴"后，在本堂召开修正会，敲鼓、吹法螺贝，驱赶恶魔。遗址中，还保留着个人宅地内建造的爱宕观音堂。它保存了江户时代观音信仰的风貌，还留下弓矢町会所"弓箭阁"。它应是随着近世之后的开发、城市化的发展出现的居民调换地。每年一到祇园祭的季节，就会看到许多身披甲胄在弓箭阁、商店等处担任祇园祭神幸祭警备工作的人。

六道辻：通往冥界的入口

过了弓矢町爱宕念佛寺遗址，上清水坂，就到了西福寺、六波罗蜜寺。西福寺是江户时代初期兴建的净土宗寺院。在走向六波罗蜜四栋拐弯角处，立着一个刻有"六道辻"字样的石碑。"六道辻"是通往冥界的入口，走过清水坂，很快便来到六道珍皇寺门前，这里也有被称为"六道辻"的路。一般认为该地自古以来就是作为送葬地而知名的鸟边野接壤处，如同天明七年（1787）刊行的《拾遗都名所图会》卷二中所记述的那样，"自古为鸟边野无常所之入口也，将此地称为六道辻"。

位于西福寺南面的六波罗蜜寺，其前身是作为"市之圣"而知名的空也上人兴建的西光寺。这个寺院因安置名人石像而知名。从入口处看到六体阿弥陀佛再现念佛的如空也上人的立像、平清盛以出家姿态手持经卷的坐像（皆为镰仓时代重要的文化遗产）等。12 世纪，六波罗蜜寺南侧并排着平氏家的宅第，在这里曾有镰仓幕府设置的六波罗探题[1]。

从西福寺再往前走，上清水坂，在左手方有六道珍皇寺。关于珍皇寺的创建有多种说法。它最晚建于 9 世纪，在 14 世纪中叶

1　日本镰仓与室町幕府的官职名，设于地方要地，掌管政治、军事和审判等。——译注

之前，一直是东寺的下属寺。不过，其后就成了建仁寺的下属寺。门前立有"六道辻"字样的石碑。每年的 8 月 7 日至 10 日，许多人为了迎接精灵的祭祀活动——"六道参拜"到访这里，敲击"迎钟"。

大日如来坐像：一人一凿一削

走过珍皇寺上清水坂，横穿东大路街，坡越来越陡。在走向三年坂的坡路两侧，如用地点表示的话就是"清水四町目"。15 ～ 16 世纪，这一带曾是神护寺的所在地。据细川武稔氏的研究，神护寺继承了与救济"非人"有密切关系的律宗寺院的传统。据说其通称"水堂"的"水"也很可能是来自清水寺的水，具有治愈癞病的效力。可见神护寺也跟长栋堂一样，很可能是癞病者的救济设施。不仅在清水坂的入口，就是在途中，也有对癞病者来说重要的设施。可以说，清水坂对他们而言是救济之路。

继续上坡，会看到游客众多的三年坂、五年坂的交会地。过了三年坂，其左侧有经书堂（来迎院）。据说在与清水寺成就院相连的寺院，有江户时代经书堂的僧人在石头和经木上刻写的《法华经》《大乘经》等，还刻有为死者送别的风俗（《山州名迹志》卷二，《出来斋京土产》卷三）。在前面提及的 15 世纪的"酒屋联名书"或"酒屋承诺书"等史料中，看到"清水经书堂之上""清水经书堂前东南颊""清水经书堂下北颊"的酒屋的名称（《北野天满宫史料　古文书》62、53 号），由此得知，经书堂附近曾经有多家酒屋并排。

过了经书堂和多家礼品商店，再顺着坡路往上走，就看到大日堂。大日堂是清水寺宝性院末的寺院，正确的称呼是"真福寺"。里边安置了相传是出自空海之手的大日如来坐像，故称"大日堂"（《山城名迹巡行志》第二等）。2011 年（平成二十三年）3 月 11 日因东日本大地震引发的大海啸而被卷回来的大日如来坐像被安放在这里。坐像是用岩手县陆前高田市高田松原地区的松木制作的。根据经书堂展示的图示板的介绍，京都传统工艺大学校佛像雕刻专业的学生，正加紧制作，在"一人一凿一削"的呼吁下，岩手县陆前高田市、宫城县盐釜市、大阪市、神户市等全国各地超过一万人前来参与"一人一凿一削"。2012 年 5 月，大日如来坐像在清水寺祈祷镇魂、复兴、敬奉之后，被安置在大日堂。

参拜了大日堂，爬坡路，清水寺仁王门逐渐出现在眼前。在仁王门前，也就是登至坡顶右手边有一间清水寺警备室。1911 年（明治四十四年）之前这里曾有子安塔（泰产寺），现已转移至清水寺本堂南面。在江户时代，它作为安产祈愿的场所吸引人们前来祈祷。另外，在《雍州府志》卷四中有如下记载：光明皇后产前患病，前往伊势皇太神宫祈祷，然后在梦中看到了一寸七分的观音灵像出现在枕边，于是平安生下了内亲王（即后来的孝谦天皇，后改号为称德天皇）；在这之后有神托梦多次嘱咐，于天平二年（730）兴建了三重塔，并安置了一寸七分的观音灵像，因此子安塔也被称为泰产寺；子安塔的建造比清水寺的草创还要早。

现在，警备室的占地内竖立的石碑也刻有"光明皇后 / 念持观音 子安塔遗址"的字样。在嘉永六年（1853）出书的《子安观音缘起绘画传》中，有光明皇后根据梦告在子安塔兴建浴室，以及皇后亲自为到访浴室的癞病者法师清洗身体后，法师显现佛身的记载。有关子安塔的这些典故正如细川氏指出的那样，说明清水寺具有救济"非人"的性质。

以上是有关从鸭川边至清水寺的清水坂的历史回顾。清水坂一直以来都是作为清水寺人来人往的参拜路和交通通道的热闹地带，然而在历史中，它既是挣扎于贫困和疾病死亡线上的人寻求救济之地，也是连接死后世界即彼岸之通道。总而言之，它是人们寄托着期待不断攀爬的希望之地。

第四章

天主教徒艰难的信仰之路

16世纪末传来的天主教在京都得到广泛传播，但不久就遭到镇压。下面我们从"殉教"以及"死去的天主教徒"的痕迹中探寻那时坚守信仰的人们的境况。

去南蛮寺遗址，乘坐地铁乌丸线，在"四条站"下车或乘坐阪急京都线在"四条乌丸站"下车。去妙心寺方向，可乘坐 JR 山阴本线，在"圆町"下车。从京都大学综合博物馆出发去元和天主教徒殉教地碑，可乘坐京阪线，在"出町柳站"或"七条站"下车。

南蛮寺础石
（同志社大学图书馆前）
今出川
出町柳
一条戻桥
京都大学
综合博物馆
鸭川
京都御苑
京阪鸭东线
神宫丸太町
堀川街
室町街
地铁乌丸线
河原町街
川端街
东大路街
京都市政厅前
三条京阪
三条
南蛮寺旧址
蛸药师街
四条乌丸
四条街
阪急河原町
四条
祇园四条
八坂神社
绫小路街
"二十六圣徒发祥地"浮雕
（四条医院入口）
妙满寺旧址
京阪本线
清水五条
元和天主教徒殉教地碑
正面街
西本愿寺
东本愿寺
丰国神社
七条

南蛮寺之钟

　　说起典型的京都风景，在许多人的印象中可能是神社佛阁。也许你会感到意外，当你漫步在京都的街道，天主教的教会随处可见。这些教会也是京都历史和文化的一部分。本章将就此问题回顾有关 16 世纪天主教最先在京都传教的历史以及在禁教时期，那些信徒为坚守信仰百折不挠的事迹。

　　天主教传到京都是 16 世纪中叶。众所周知，天文十八年（1549），西班牙传教士弗兰西斯科·萨比尔到达鹿儿岛之后就开始了在日本的传教活动。天文二十年萨比尔到达京都，请求谒见天皇未果，于是又返回九州岛。永禄二年（1559），瓦斯帕尔·维利拉神父来到京都。维利拉转辗居住在类似存放杂物的房子和棚屋，最终见到了足利义辉将军，并得到传教的许可状。不久他在京都开始传播天主教。不过，他的传教活动充满了苦难，时常遭到人们的投石和辱骂。（路易斯·佛罗伊斯《日本史》第一部 24 ~ 29 章）。

　　永禄四年（1561），维利拉从僧人手中购入四条坊门通姥柳町的一栋房子，并设立了祭坛和圣堂。当时，在京都城内进行房屋买卖需要所在町的同意。而没有得到同意的维利拉出示了足利义辉的许可状，最终实现了移居。不过，他移居后仍然没有与町上的人们交往。据说，町内成为天主教徒的人只有一个。（《日本史》第一部 29 章）。

天正四年（1576），姥柳町的圣堂由于有天主教徒大名高山右近等人的支助，兴建了三层楼的教会，即南蛮寺（《日本史》第一部 105 章）。南蛮寺遗址相当于现在的市街中心地，在去姥柳町的路上，有"南蛮寺遗址"字样的石碑和京都市的说明板。另外，在乌丸今出川的同志社大学图书馆前展示了南蛮寺的基石。在描绘南蛮寺的扇面画（狩野元秀 神户市立博物馆藏）里，展现了身

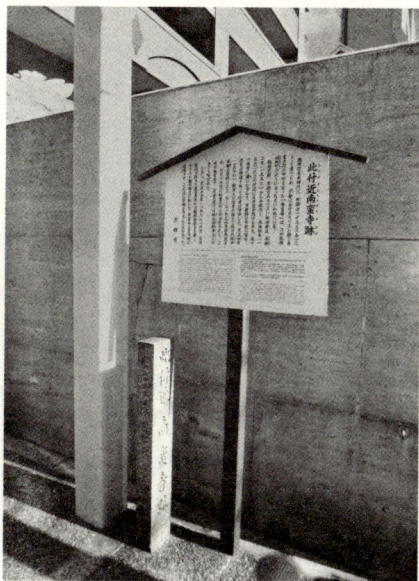

南蛮寺遗址碑

着黑衣服的传教士起居的情况，以及在商店门前摆放南蛮帽子等珍品的热闹场景。

可是，在天正十五年（1587），南蛮寺由于丰臣秀吉发布的"伴天连追放令"而遭到破坏。据五野井隆氏的研究，"伴天连追放令"的发布与丰臣秀吉切断当地领主与天主教宗教势力的联系，进一步平定日本东部以及征服朝鲜和中国，一统天下的政治野心有关。

现在位于京都西部的妙心寺春光院里，挂着"南蛮寺之钟"（不公开展示）。此钟刻有耶稣会的纹章十字架和"IHS"的文字，此外还刻有西历数字"1577"。虽然从姥柳町的南蛮寺、京都和摄津市数家教会寺院在 1577 年已经建立这些事实来看，还不能断定

《京都南蛮寺图》
图片提供：神户市立博物馆 /DNP artcom

此钟来自姥柳町的南蛮寺，但禅宗寺院里的钟与南蛮寺有关系这一点引人注目。据说，春光院原本是丰臣秀吉的家臣堀尾吉晴为吊丧战死的长子而兴建的，在堀尾家统断绝后与之有亲戚关系的石川家成为檀越[1]。根据奴田原智明氏的记述，嘉永七年（1854），石川家从仁和寺受让了从朝鲜传来的钟。有关传来的过程还有许多未解之谜，在亚洲太平洋战争中要求献出金属时，石川家将此钟埋入地下，以三具足作为替代物献出。可见，此钟经过了非同寻常的努力才得以保留至今。

二十六圣徒殉教

天正十五年（1587）"伴天连追放令"发布后，天正十九年巡察使瓦利尼亚农谒见丰臣秀吉。以此为契机，京都的天主教活动再次活跃起来。文禄三年（1594）原有的耶稣会和弗兰西斯科会的修道者从吕宋入京传教。他们在京都相继兴建了修道院、圣安娜医院、圣约瑟医院，出现了"大舀町"。根据《京都的历史》的记述，大舀町是指与天主教有关系的教会寺院的旧址，以及天主教徒或传教士的居住地，在四条堀川、一条油小路、岩上街与四条道的交叉路口附近以南的佐竹町等处留下遗迹。现

---

1 指施主，即施与僧众衣食，或出资举办法会等的信众。——译注

在，在大舀町里，有一个妙满寺遗址的石碑，上面刻着"二十六圣徒发祥地"字样。另外，在京都四条医院（四条堀川町）入口处有"二十六圣徒发祥地"的题字浮雕，1979 年由西班牙驻日大使馆、天主教徒京都司教区制作的。在浮雕上，记载了离此地 400 米处的妙满寺町，于文禄三年（1594）兴建了圣玛利亚教会、医院、学校、西班牙使节馆，以及在此地兴建的圣安娜医院、圣约瑟医院是京都最早的西式医院，收容了许多平民的事迹。

不过，在文禄五年（1596）九月，发生了"圣飞利浦号"事件，此后丰臣秀吉就开始对弗兰西斯科会进行镇压。因当时漂流到土佐的浦户海岸的西班牙商船"圣飞利浦号"船员发出了将传教与征服日本相结合的宣言，丰臣秀吉一怒之下就下令镇压。在土佐发生的圣飞利浦号事件的影响很快波及京都，导致了有名的"二十六圣徒殉教"这一可怕的迫害事件。"二十六圣徒"有来自西班牙、墨西哥、印度的修道司祭、修道士，也有来自尾张、伊势、五岛、长崎、京都等日本各地的教徒。他们从事的职业多种多样，有木匠、磨刀工、弓箭师、佛僧、药师、谈义者、丝织品生产者等（1597 年 3 月 15 日寄给路易斯·佛罗伊斯的耶稣教会会长有关长崎二十六圣徒殉教的报告，以下称《路易斯·佛罗伊斯报告》）。他们在"上京的某个十字路口"（可能是一条回桥附近）

被割掉左耳后，拉上板车，回到京都，又从大阪被运送至长崎，在长崎被处以磔刑。现在，在作为二十六圣徒殉教地的长崎市西坂公园内，兴建了日本二十六圣徒纪念馆，传颂着殉教徒的事迹。

关于"二十六圣徒"在京都殉教的具体过程，公卿山科言经在日记中有如下记述："一、据传大臼处刑，于上京、下京车交付云云，大臼僧□□四人，此外还有前述日本人二十一人云云。左右耳被削割云云。接着被送至大阪、堺、西国，在肥前国处磔刑云云。"（《言经卿记》，庆长元年十一月十五日）。此外，壬生孝亮也有记述："今日大臼门徒以上二十四人，乘车削耳，经一条十字路口。后于唐附近被处刑云云"（东京大学史料编纂所架藏写真帐《孝亮宿祢记》，庆长元年十一月十五日）。实际上，虽说是在长崎被处磔刑，但让人想到这是在"名护屋"或"唐附近"，即在作为丰臣秀吉出兵朝鲜的据点行刑。这一点说明了对外侵略和宗教迫害大体发生在同一时期。

另一方面，据《路易斯·佛罗伊斯报告》（根据家人敏光氏的翻译）记述："全员双手捆绑在背后，让犯人徒步走到上京的一个十字路口，在那里将他们的左耳垂剪掉。虽然国王下令将鼻子和两边的耳朵削掉，但由于（石田）治部少辅还抱有大家能释放的一线希望，于是做出了只剪掉左耳垂的决定。""当切剪耳朵的处罚结束时，（刑吏们）根据日本国古老的传统命令，所有的囚犯乘车（8辆牛车），每辆车分别乘坐三人。"报告还记述了有无以计数的人观看这一场景，除了街道上，还有人从窗口、屋顶上观看。

"二十六圣徒"被处以剪耳垂的刑罚，出现于12世纪。《路易斯·佛罗伊斯报告》里记载了丰臣秀吉最初切剪犯人的两耳和鼻子一事，说明切剪耳鼻是普遍的刑罚。这一刑罚在中世，并不仅仅是让犯人痛苦，以及示众，还是让他们成为"非人"，即"怪形"，这是对"妖言之罪""欺骗之罪"的处罚。这一点早已被胜侯镇夫氏指出。此外，清水克行氏也指出，切剪耳鼻有两种情况，一是"要杀死犯人时而切剪耳鼻"的处罚，二是在战场上"作为杀死敌人的证据而切剪耳鼻"。此外，他还论述了战国时代之后，随着战乱常规化，第二种情况的例子相对增加；丰臣秀吉政权侵略朝鲜时这种情况更为突出；在近世初期，切耳朵后再处死的例子比较多见。

游街示众的处罚在史料中多次出现，应该是发生在战国时期以后。清水氏对此也有介绍，例如，天文十八年（1549），室町幕府奉行人[1]提出将犯"重罪"的马场八郎和妻子在游街示威之后再

处刑或剪切鼻子的意见（《中世法制史料集二 室町幕府法》参考资料三二八）。另外，在元龟二年（1571），圣光坊僧人之妻和其"奸夫"从一条室町开始乘"车"游街至六条河原（《言继卿记》正月二十八日）。还有，《信长公记》卷十、十二中，记述了天正五年（1577）和天正七年，背叛织田信长的松永久秀的人质以及荒木村重一族从上京一条十字路口乘车游街至六条河原后被处刑一事。可以说，"二十六圣徒"殉教发生在刑罚的意义和形式都产生重大变化的时期。

大地震与"元和大殉教"

"二十六圣徒"在京都城内游街发生在京都遭遇文禄大地震后不久。在四个月前的闰七月十三日，京都和畿内遭受7.5级以上接近8级大地震的袭击。根据寒川旭氏的研究，此地震是因有马－高槻断层带以及淡路岛东岸的多次活断层运动引起的。京都盆地、大阪平原东部、六甲山地周边、兵库津、淡路岛等地，都已被确认发生了液状化现象。这次地震摧毁了丰臣秀吉居住的伏见城，许多人因此丧命。另外，根据山科言经的日记记载，京都市街地遭受的灾害根据"老人"的说法，是"距今最近的时代所未有"的。据说，在下京的本源寺寺内町有300人，在"四条町"（可能是指现在的下京区新町街四条下四条町）有 280 多人丧生。（《言经卿记》，文禄五年闰七月十三日）。《言经卿记》还记载了东寺诸堂倒塌、东山大佛的胸部以下损坏、三十三堂歪斜等情形。《言经卿记》还关注了京都城外的情况。在山崎，房屋倒塌，有多人死亡。在八幡，也出现房屋倒塌，在兵库还发生火灾导致多人死亡。在大阪，城内虽无事，但城下的町家有多处倒塌，死者不计其数（《言经卿记》，日期同上）。此外，它还记述了到第二年二月二十七日为止所发生的余震情况。

根据这些灾害情况分析，"二十六圣徒"是一路目睹正在复兴中的京城和大阪而到达长崎的。第二年，丰臣秀吉第二次向朝鲜出兵。可以说，他的专制随着地震的发生而愈演愈烈。虽然圣飞利浦号事件与地震大体发生在同一时间是偶然的，但在灾害发生地对修道者进行迫害起到了加强权力对社会不稳定因素的控制，以警示京城民众的效应。

"二十六圣徒"殉教后，京都以及日本各地继续信仰基督教的人并没有断绝。在丰臣政权之后建立的德川政权更加强了禁教和对信教者的迫害。根据《京都的历史》记述，庆长十八年（1613），用"装米袋"的方式强制改宗。"装米袋"是仅头部露在外面而身体其他部分被塞入米袋里，被任意翻滚。如不改宗，就在鸭河上原不断用装稻米的稻草包在信徒身上加压，使其痛苦不堪。元和五年（1619）发生了"元和大殉教"的悲惨事件。包括幼儿和孕妇在内的52名天主教徒在七条河原被处以火刑。1994年（平成六年），在七条河原立了一个刻有"元和天主教徒殉教之地"的石碑。据杉野荣氏的研究，在此石碑下，埋藏了记录52位殉教者的名字的缎带和捐献者的名簿、秘藏于梵蒂冈美术馆的中山正美手绘的"殉教图"明信片、长崎日本二十六圣徒纪念馆馆长结城了悟氏的著作《京都大殉教》、坎佩尔[1]制作的标有殉教之地的地图等。

北野的天神：天主教石灯笼

残酷的镇压之后，京都市西北部留有很多天主教殉教者的遗迹，这一点在《京都的历史》中早有记述。例如，"天主教徒墓碑"有蒲鉾型和光背型两种形式。此墓碑上刻有十字架和"IHS"字样（教会的纹章，为"耶稣为人类拯救者"的拉丁文缩写）、年号、洗礼名等。据考古学的研究成果，在京都市内被确认的天主教徒墓碑有20座，其中，在西京大将军村附近发掘出来的墓碑最多，尤其是一条街和纸屋川的交叉处附近非常明显。根据丸川义广氏的研究，在成愿寺内有4座，椿寺（地藏院）内有1座，根据

---

1 1651～1716，德国人，著有《日本志》。——译注

天主教徒墓碑
图片提供：京都市埋藏文化遗产研究所

对一条街立会的调查，有 2 座出土。墓碑上刻有庆长七年（1602）至庆长十八年（1613）的年号。这些都是在天正十五年（1587）"伴天连追放令"发布之后的事。

现在，在这些天主教徒墓碑中，十多座墓碑由京都大学综合博物馆收藏。此外，在位于京都国立博物馆内西南部的"西院"里有 2 座展示。另外，在西大路一条附近（西京）的椿寺里也有天主教徒墓碑。1968 年，根据多年对京都天主教历史的发掘研究，杉野荣氏整理出《寻找京都天主教的遗迹——传教从京都开始》一书，并在上京区松林寺内无缘佛发现了庆长八年（1603）天主教徒墓碑，该墓碑现由杉野荣氏担任牧师的洛西浸礼会[1]（西京马代町）保管。

在北野和西京也有教会寺院。在《当代记》庆长十九年正月十八日里，有"伴天连师匠之寺有二所，右之内西京寺被大火烧毁，在四条街中，应有此寺不喜欢延烧，毁坏并点火燃烧"的记述。"伴天连师匠之寺"的"西京寺"被烧毁。另外，在《时庆卿记》同一天的条目里，也看到跟"大臼门徒"有关的"北野边"的寺院被烧毁的记载。

在北野天满宫内的三光门右边，有被称为"织部石灯笼""玛利亚石灯笼"的天主教石灯笼。天主教石灯笼是茶艺人和文人喜爱的一种石灯笼，其特点是上面刻有玛利亚像等与天主教有关的图像。据传它的设计者是古田织部，因而也被称为织部石灯笼。有人不同意天主教石灯笼与天主教信仰有关联，也有人认为石灯笼有两种，一种是作为庭园点缀景物的织部石灯笼，另一种是假托礼拜物的天主教石灯笼。对此我们难以作出评判。不过，在川

1　浸礼会为基督教新教最大的教派之一，1608 年由英国人约翰·史密斯创立。不承认婴儿洗礼，重视以成人的自觉申明信仰为基础的浸礼。——译注

端康成著名的小说《古都》开头第一章《春之花》中，曾对天主教石灯笼有"北野的天神"的描述，格外意味深长。因为川端康成也是与天主教文物有渊源的人。

川端康成生于大阪市北区，在丰川村（现为大阪府茨木市）长大，1912 年（明治四十五年）就读于茨木中学。在茨木市有作为天主教教徒殉教之地而知名的千提寺下音羽区。藤波大超也是茨木中学出身，他于 1920 年（大正九年）在这里发现了著名的圣弗兰西斯科·萨比尔像（神户市立博物馆藏）和玛利亚十五玄义像（京都大学综合博物馆藏）等天主教文物。根据高木博志的研究，藤波大超比川端康成早一年就读茨木中学，受地理历史科教师天坊幸彦的影响，从事茨木山间部天主教文物的研究。川端康成在茨木中学时也是天坊幸彦的学生。

我们再回过头来看小说《古都》中《春之花》一章的描述。除了"北野的天神"外，主人公千重子在室町吴服批发商家的院子里也有刻有天主教立像的天主教石灯笼。在川端康成写作《古都》时取材的秦家（油小路佛光寺下，参照本书第一章），其深院里亦有天主教石灯笼。在《古都》里，人们可以感受到，在茨木度过初中时代的川端康成对京都有着独特的观察。

秦家内院的天主教石灯笼
协助摄影：秦家

第五章

鸭东开发的舞台：
冈崎周边

11世纪，京都出现了高度超过80米的九重塔。其后，京都发生了巨大的变化，从普通的农村发展成为产业振兴的都市。在这一巨变中，产生了八桥、酱芜菁片（京都特产的酱菜，将圣护院芜菁切成薄片，先用盐腌，后放砂糖、海带、辣椒等腌渍——译注）等知名特产。

圣护院

丸太町桥

富冈铁斋旧居

丸太町街

神宫丸太町

熊野神社

夷川水库

鸭川

川端街

二条街

琵琶湖水渠

京阪鸭东线

东大路街（东山线）

仁王门街

0　　　　200m

黑谷街

卐 金戒光明寺

平安神宫

冈崎街

冈崎公园

神宫道

法胜寺金堂旧址

白川街

京都市美术馆别馆（旧京都市公会堂东馆）
· 京都市美术馆 · 京都市动物园

庆流桥

南禅寺
卐

无邻庵 ·

全国水平社创立碑
京都市劝业馆

京都市国际交流会馆

去京都市动物园，从地铁东西线"蹴上站"徒步走8分钟。

消失的塔：八角九重塔

京都市动物园是日本历史上第二个开园的动物园。这里有许多深受孩子们喜爱的动物，如一直繁衍至今的低地大猩猩、来园必看的大象和长颈鹿。位于冈崎区域的京都市又于1903年（明治三十六年）动物园开园之际，将其称为冈崎公园。此后，它作为京都为数不多的公共空间，在城市功能上发挥了巨大作用。

动物园内有小型游览车。由于近年来的发掘调查，在周围发现了法胜寺八角九重塔地盘改良遗迹。八角九重塔建于永保三年（1083），高达81米，是日本国内最高的木造建筑物东寺五重塔（55米）高度的约1.5倍。后来，它成了开启院政[1]时代的白河天皇（上皇）权势的象征。

而且，八角九重塔遗址中出土了许多记有梵文的瓦片。塔的残留部分至少显示了从创建时塔就是瓦屋顶的，可以认为，为了支撑九层屋顶而使用了柏树皮葺。由此，八角九重塔为11世纪的建筑技术增添了新的内容。

不过，12世纪，八角九重塔曾一度毁于雷火，14世纪时再次

1　天皇让位后，太上皇或法皇继续处理国政的政治形态。——译注

八角九重塔
京都市历史资料馆藏

遭雷击，到 16 世纪末，法胜寺被完全毁坏。法胜寺位于二条大路的尽头，在院政时期兴建的"六胜寺"（此外，还有尊胜寺、最胜寺、圆胜寺、成胜寺、延胜寺）中是占据核心地位的寺院。八角九重塔在动物园观览车一带，它的正北方向有安置金色卢遮那佛的金堂。现在在其遗址上兴建了民家。八角九重塔是当时最大的塔，是院政时期的象征，同时也是鸭川东岸地区开发的象征，但随着法胜寺的废弃，它最终从京都人的记忆中彻底消失了。

幕末的圣护院村与冈崎村

在江户时代，六胜寺遗址是京都近郊农村冈崎村的田地，主要用于蔬菜种植，在江户时代末期，曾是知名的圣护院芜菁和圣护院萝卜的产地。文久时期（1861 ~ 1864）以后，在冈崎村周边的各藩大名的宅第内种植蔬菜的情况很常见。

在幕末政局变动中，京都曾是各方势力争夺的中心。各大名[1]相继进驻这里。不过，供新建藩宅的土地有限，因此，加贺、彦根、越前藩等藩开发了自圣护院村到冈崎村的土地供本藩武士居住。利用相国寺内土地的萨摩藩以及使用金戒光明寺内土地的会津藩也在

1　日本封建时期的领主，亦称诸侯、藩主、领主。——译注

开发前的冈崎村
图片提供：平安神宫

这一带谋求大量的土地，以确保其用地。圆胜寺遗址在加贺藩，最胜寺遗址在萨摩藩，萨摩藩退出后是秋田藩、大圣寺藩。据说在法胜寺遗址里，也曾有菰野藩宅，不过使用时间较短。加贺藩宅旧址是现在的京都市美术馆，秋田藩宅旧址是现在的冈崎运动场，菰野藩宅旧址是现在的动物园。

京都人气点心："八桥"与"五色豆"

京都市动物园正门对面是冈崎街，随着冈崎公园的不断完善，它看上去像是人工修建的街道，但在幕末它是加贺藩宅的内街，南起东海道（三条街），北至金戒光明寺东门。因为它直通黑谷（金戒光明寺），故称"黑谷街"。不过，明治维新后，各藩的藩宅撤离，它又恢复了往日田间小路的风貌。在黑谷街的东侧，有一条从二条街北上黑谷的路，是冈崎村人们的日常穿行之路，正好避开了法胜寺金堂的基坛。这也许是这条路的主要功能。

冈崎地区原本是有名的蔬菜种植地，1881 年，在京都府知事北垣国道等人倡议下启动了琵琶湖水渠工程，由此开启了冈崎开发的热潮。琵琶湖水渠工程从琵琶湖引水经过山科盆地到京都市中心，其最初目的是为工业和精米生产（水车）提供动力、船运、灌溉、防火、饮用水，改善卫生条件。但到了 1888 年，水渠工程转向水力发电的电力供应。这是京都自来水和电气事业的开端。

流经整个动物园南侧的琵琶湖水渠工程于 1885 年（明治十八年）竣工。1889 年 9 月，京都府预见在水渠工程完成后其周边会出现许多工厂和住宅，因而事先规划在鸭川东岸地区兴建很宽的街道。此时成为兴建街道对象的是在南北向的街道中的广道街和粟田口街。因为它们都是新修的街道，其街名听起来有点陌生。而东西向的街道中虽然有很多条新修的街道，但在京都府的咨询方案里却没有留下街道的名字。

其中，粟田口街将旱地重新开发的可能性很大，大体相当于今天的神宫道（应天门街）。而广道口街虽规划为与前述的黑谷街重叠的路，但还是起了新的路名，现称为冈崎街。从动物园的正门沿着冈崎街一边眺望左边（西侧）的京都市美术馆、冈崎广场、平安神宫，一边北上，来到丸太町街。从这里再往北走，走到邮局的北面就没有路了。和冈崎街垂直的是另一条东西向的黑谷街。

从冈崎街的北端靠东的地方有通往金戒光明寺山门的参道，西面连接着圣护院门前町。这一带作为黑谷街为人们所熟知。在江户时代，参拜圣护院、金戒光明寺、真如堂、吉田神社等地方的人一般会跨过鸭川河上的丸太町桥，从熊野神社西侧北上前往黑谷街。可以说，它是从京都市内到东山的主干道之一。

圣护院角作为京都点心"八桥"的发祥地而知名，十分繁华热闹。八桥在幕末是圣护院村庄屋分家经营的肉桂烤点心[1]，1915年（大正四年）大正大典之际，与"五色豆"齐名，人气很旺，成为京都土产的必选（《京都的日式点心》）。

文人墨客的聚居地：圣护院文化村

幕末的京都因为各藩武士、浪士[2]纷纷进入而聚集了前所未有

1　一种将细根肉桂扎成小捆的粗点心。——译注
2　日本旧时离开主家、失去俸禄的武士。——译注

的人气。以他们为服务对象的商业、手工业非常旺盛，许多地方成了交换书画和汉诗的场所。连接京都市内与东山的圣护院村西部就是这些文人集中居住的地方之一。

我们看富冈铁斋画的绘图中的这一区域，在黑谷街沿街，有崇德院的古迹，曾经是莲月[1]、海仙[2]的居所。另外，从黑谷街进入熊野神社西侧的熊野社前街，曾经是西川耕藏、富冈铁斋等人的居所，在熊野神社西牌坊前的丸太町街两旁，有北梅林茶店和南梅林茶店（《史料京都的历史》8 左京区口绘）。

从丸太町街往西走，在南边有高畠式部宅、樱塚、海屋（贯名海屋）宅、棕隐（中岛棕隐）宅等住宅。北面有近卫家宽阔的宅第，其上记有税所敦子[3]的名字。总之，从黑谷街到熊野社前街、丸太町街一带区域有许多景点、文人与画家住宅的旧址。

这里引人注目的是，幕末的丸太町街在熊野神社就到了尽头，不能往东西延伸。下面的照片是从鸭川拍到的丸太町桥。到了明治之后，丸太町街也很狭窄，在鸭川的东河畔有熊野神

1　大田垣莲月，江户末期的女诗人。——译注

2　小田海仙，江户末期的女画家。——译注

3　1825～1900，京都诗人，侍奉皇后，著有和歌集《宫墙的草丛》。——译注

丸太町桥从前的样子
图片提供：京都市文化遗产保护科

社的牌坊。可以说，在熊野神社西门前这窄密的空间里聚集着许多文人墨客。但是，这种热闹的场景到明治维新以后就逐渐消失了。

冈崎公园：因劝业博览会而建的都市公园

幕末的喧闹一去不复返，冈崎村周边又恢复了往日作为京都近郊农村的平静。藩宅旧址再次成为耕地。这一地区再次掀起开发的热潮，是因为前面提到的琵琶湖水渠计划。1888 年（明治二十一年），圣护院村、冈崎村被划入上京区，第二年将上京区和下京区合并为京都市的一部分。这样，当冈崎周边作为市区被开发的可能性变大时，京都府就制定了前述的道路规划。京都府的道路规划是，先完成琵琶湖水渠工程，再按计划推进工厂和住宅的建设。在此规划中，最宽的一等道路有两条路线，其中一条是沿着水渠边兴建道路，另一条是扩宽熊野社前街，使今出川街到二条街南北贯通。

不过，在这一道路规划实现之前，还进行了更大规模的开发。以平安迁都 1100 年为契机，以京都市为中心的平安迁都 1100 年纪念活动举行，政府举办第四次内国劝业博览会加以配合。前三届劝业博览会在东京上野举办，大阪等地也开始招商引资的动作，但京都将迁都纪念活动结合起来，在招商引资方面取得巨大成功。

此外，琵琶湖水渠工程完成之后，面对鸭东地区的急速发展，位于京都西北部的西阵等地出现了不满的声音。因此，在京都市内引发了迁都纪念活动与内国劝业博览会会场设在何处的争议。最终会场设在与水渠连接、幕末藩邸旧址和道路规划工程未完工的冈崎地区。

迁都纪念活动和劝业博览会的会场决定设在冈崎地区，各种设施的配置成为争议的焦点，迁都纪念会场最初设在现在动物园的位置，以东山为背景，向西延伸。从京都市内看纪念会场处在市中间，是为了能以东山为背景。由于主张纪念场地应仿造平安大极殿，而新建的平安大极殿应为南北向的建筑物的观点占上风，因此，将会场设在冈崎地区的北面，而南面作为内国劝业博览会的会场。现在的平安神宫相当于此地，但当初只是作为迁都纪念会场，并没有将它纳入神社的计划。

迁都纪念活动会场的建设意味着熊野神社东面土地的开发。它促进了以熊野神社为尽头的丸太町街向东发展。迁都纪念活动和劝业博览会的会场建设与丸太町街到水渠一带的开发统一起来。在水渠沿岸扩宽的道路开始运营从京都站到京都电气铁道（京电）（日本最早的市街电车营业运行）。修建水渠的目的从水车发电转变为水力发电，作为电力供应来源，其供应的电力导入了市街轨道电车。迁都纪念活动和劝业博览会成了它很好的宣传机会。另外，由于有人强烈坚持迁都纪念活动会场建设应当慎重进行，因此，这个会场最终成了平安神宫。

这样，以劝业博览会为契机而整备的冈崎公园，与以劝业博览会为契机而整备的东京上野公园、大阪天王寺公园一起成为日本现代化的都市公园。

平安神宫：追忆王朝文化的神社

现在，在丸太町街的北面只有熊野神社。丸太町街向东延伸后，被分割的南半面得到开发。另外，随着1910年（明治四十三年）前后三大工程的推进，京都市内的主要街道扩宽，使市内可以敷设电气铁道（因为是京都市经营而被称为"市电"）。东西向的街道如今出川街、丸太町街、四条街和七条街的一部分，南北向街道如东山街、乌丸街和千本街的一部分就是这个时候扩建的。其中，东山街是南北贯穿冈崎地区的新道路，通往熊野神社的东侧。

丸太町街的东山街以西和东山街的丸太町街以南得到了扩建。熊野神社位于市电从丸太町街向西到从丸太町街的东山街再向南的拐弯处，沿线设有各站。这样，冈崎区的南北干线道路已定为东山街，曾计划扩建的熊野社前街成了行人稀疏的小巷。曾是西门前的南北梅林等土地是否被划入丸太町街扩建用地了呢？

从熊野神社出发沿东山街稍往下行，出现一座小桥，琵琶湖水在桥下向西流淌。它的前面有夷川港口，成为顺着水渠往下的行船转换方向的场所。但是，由于船运衰落，而电力需求增加，1914年（大正三年）新建了夷川发电厂，这也是京都三大工程的其中一项。

从东山街沿着水渠逆行向东走，在南面拐弯处可以遥望冈崎公园。东面有平安神宫，南面有京都会馆。迁都祭祀活动和劝业博览会结束后，祭祀会场成为平安神宫。由于平安神宫并不是当初建设的目的，它以应天门和大极殿为中心，在左右两边有苍龙楼和白虎楼等，成为神社的独特建筑。京都市内有关平安时代的名胜古迹较少，因此，平安神宫作为追忆王朝文化的特殊神社而保留下来。在首次前来参观的修学旅行学生中，有不少人误认为平安神宫在平安时代就已兴建于此地，而真实的平安京大极殿，在现在的千本街一带，其规模远比现在的平安神宫大得多。在这里需要强调的是，平安神宫不过是仅有 120 年历史的近代建筑。如今，作为京都三大祭祀活动之一的迁都祭祀活动发源于 1895 年举办的祭祀活动的余兴。可以说，它是其后在全国举办的大名列队仪式游行队伍的先驱。

平安神宫的东面，保留了劝业博览会的美术馆，由京都市运营，而平安神宫则要把大极殿包含在内，准备兴建庭园。因此，美术馆被排除出去是在 1911 年（明治四十四年），东神苑的整备则是后来的事。

京都市公会堂

　　从应天门向南走，右手边（西侧）有京都会馆（京都市公会堂本馆旧址），左手边（东侧）有广场和停车场。1917 年（大正六年）京都市公会堂建成之前，虽然小学创立 30 年纪念典礼、三大工程动工仪式等典礼曾在平安神宫举行，但在公会堂建成之后，不但公共的传统活动，就连水平社的创立大会、五一演说会等各种各样的集会也在公会堂举行，因此，公会堂是贴近普通市民生活的地方。1931 年（昭和六年）公会堂东馆建成，但本馆遭到 1934 年室户台风的破坏。现在，东馆仍作为京都市美术馆的别馆保存至今，到了 1960 年，才在本馆遗址上修建京都会馆。

　　1909 年（明治四十二年）将京都府立图书馆从京都御苑移至劝业博览会旧址（京都会馆的东南面），在它的东北面（运动场南面）兴建了京都市商品陈列所。而且，于 1911 年（明治四十四年）在商品陈列所的南面兴建了第一劝业馆，并于 1913 年（大正二年）在图书馆的西面兴建了第二劝业馆。冈崎公园作为产业振兴的据点得到快速发展。

明治维新后不久，每年的博览会都在西本愿寺或京都御苑等地举行。不过，从1897年（明治三十年）开始，就改在劝业博览会的工业馆旧址举行。这是因为受让了工业馆的京都市把它作为博览会会馆进行重建，并认可京都博览协会作为博览会的主办方。而且，从1914年（大正三年）起，劝业馆重新作为博览会馆。现在，京都市劝业馆的东北方向竖立了于1880年（明治十三年）制作的京都博览会纪念碑。由于京都御苑曾作为博览会会场，纪念碑最初设立在京都御苑内，1937年（昭和十二年）京都博览协会解散时被移至劝业馆。

京都博览会纪念碑

冈崎：从产业振兴的会场到文化圣地

内国劝业博览会结束后，每当举办大规模的博览会，冈崎公园都会因成为会场而热闹非凡。如1915年的大典纪念京都博览会、1921年的内外产业博览会、1924年的参加万国博览会50年纪念博览会、1928年的大典纪念京都博览会等都是在这里举办的。1910~1920年，冈崎公园是举办博览会的全盛期。

1928年（昭和三年）的大典纪念京都博览会成为冈崎角色转变的拐点。此时，在第一劝业馆前修建临时的寺院大牌坊，第二年新建了仍保留至今的大牌坊。而且，1931年，第一劝业馆被关闭，1933年在其旧址上开设了京都市美术馆。冈崎就是在这个时候从产业振兴的会场真正转变为文化圣地的。京都美术馆位于大牌坊东侧，是有日式屋顶的西式建筑物，是日本排名第二位的公立美术馆。这个帝冠样式的建筑物的出现，使冈崎的面貌为之一变。

冈崎因1920年举办博览会而繁荣，但由于在20世纪30年代从相当于南北中心轴的平安神宫，经过大牌坊到庆流桥的应天门街非常显眼，因而战争时期大政翼赞会京都府支部结成仪式和出征战争学徒的动员会在此举办。冈崎作为文化街，在战时带上了战争的色彩。

从庆流桥再往南走，即从圆山公园开往八坂神社或东山的古社寺的京都观光主街道。我们从这里沿着水渠再往东走。在水渠的北侧，能看到出发点的动物园。另外，南面有曾经是山县有朋[1]（1838 ~ 1922）的别墅——无邻庵。在这一带，有不少经植治（小川治兵卫）之手建造的庭园。这些庭园有利用水渠的便利条件。至今非公开的私宅还有很多。无邻庵是为数不多的任何人都可以游览的"植治庭园"之一。

无邻庵南侧的参道直通南禅寺，而且，如果想了解水渠的话，有许多地方可以观看，比如琵琶湖水渠纪念馆和在南禅寺内的水路阁。参拜路上有许多汤豆腐屋，在与参道的南面连接的京都市国际交流会馆里，有为外国人服务的窗口。让我们休息一会儿再前往参观其他地方。

---

1 陆军元帅，公爵，创立近代陆军，曾任首相、枢密院议长、元老。——译注

第二部

京都历史：从开启至繁荣

京都城于8世纪开启作为国家首都的历史，其后一直强烈影响着国家的政治与文化，直至今日。京都的这一特质，可以从哪些具体的痕迹中发现呢？在本书第二部中我们将从典礼、外交、灾害、河川疏通、教育等多方面考察处在时代浪潮中的人们的生活状态。我们选取的场所有：京都御苑、金阁寺、鸭川、高濑川、大学、高中等。这些场所虽然至今还在，但其中大多数已经失去了原有的作用和性质，其景观也发生了很大的改变。

乌丸街作为迁都东京后，通向为御所近代化而整备的京都御苑的行幸路得到扩建，鹿苑寺在15世纪曾是迎接外国使节的御所。在同一时期，鸭川一带发生饥荒，许多饥民死亡。幕末时期，曾作为"天诛"暗杀活动的舞台的木屋町街因高濑船运的兴盛而一度繁荣。"学都"京都的形成有着企图摆脱东京以及国家的束缚，谋求自立和自由的学术研究的历史背景。我们将以这些事实为根据，仔细观察眼前所见景观，重新追问它的价值和意义。

第六章

大典的街道：
从皇居到京都御苑

京都御所从室町时期开始成为天皇居住的宫殿，到了近代，被朝臣町环绕。明治二年（1869），天皇迁都东京，京都御苑成为朝廷举行大典的地方。让我们在御苑追寻历史的足迹。

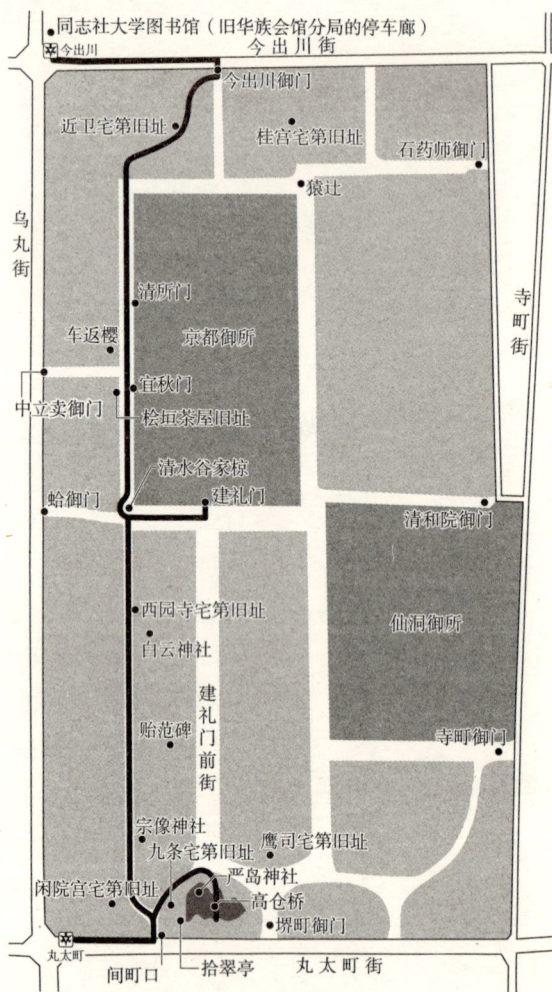

同志社大学图书馆（旧华族会馆分局的停车廊）

今出川

今出川街

今出川御门

近卫宅第旧址

桂宫宅第旧址

石药师御门

乌丸街

猿辻

清所门

车返樱

京都御所

宜秋门

中立卖御门

桧垣茶屋旧址

寺町街

清水谷家椋

蛤御门

建礼门

清和院御门

西园寺宅第旧址

仙洞御所

白云神社

贻范碑

建礼门前街

寺町御门

宗像神社

鹰司宅第旧址

九条宅第旧址

严岛神社

闲院宫宅第旧址

高仓桥

堺町御门

丸太町

间町口

拾翠亭

丸太町街

去京都御苑（闲院宫宅第旧址），从地铁乌丸线"丸太町站"徒步 3 分钟。

京都御苑的新面貌

京都御苑外墙是石墙，今出川街（北）、乌丸街（西）、丸太町街（南）、寺町街（东）分别形成御苑的外围。从南侧的堺町御门进入，通往御所的建礼门前的大街铺设了砂石，还有修整整齐的宽阔松林和草坪庭园。在江户时代，有许多公家町和皇宫御所。明治二年（1869）迁都东京和大正大典后，建造了许多新的御苑景观。

明治二年，朝廷迁都东京，没有了天皇的京都御苑向世人展现出京都新的面貌。如今的帝都—东京和曾经的古都—京都，两者之间有着怎样的地理位置关系呢？我们从京都御苑出发，来一探究竟。

迁都东京以后，随着文明开化的推进，皇室与京都、畿内的联系不断被削弱。比叡山延历寺、东寺、泉涌寺、贺茂社、石清水社等京都周边的社寺随着"废佛毁释"[1]、"土地上缴令"的实施而陷入困境。从明治四年（1871）到明治十五年（1882）京都府管辖时期的京都御苑是与圆山公园齐名的"文明开化"之地，京都御苑内点着石油灯，有博览会会场、禽兽园、博物馆等。"京都御

1　明治初期发生的排斥佛教的运动。——译注

苑"一语最初在明治十年代初期由槙村正直命名。它是在包含迁都东京前的皇宫御所、仙洞御所、公家宅第在内的九门内，作为"大内保存"的工程而兴建的新"公园"。

1877年（明治十年），明治天皇的京都行幸是划时代的事件。天皇出席京都—神户的铁路开通仪式并相继参观了京都府厅、法院、女校、舍密局[1]。而且，同时在奈良开放正仓院，视察神武陵，还为在京都的孝明天皇陵举办行幸十年仪式纪念活动。此外，天皇还走访了贺茂两寺社、平等院和桂宫宅第。天皇在已荒废的京都御所逗留，并宣布向御所支付长达12年每年4000日元的保存金（《明治天皇纪》）。这是通过对京都御苑整备以及再兴葵祭和古社寺的资金支援，向欧美"一等国"发出保存京都历史和传统，使京都建成"名副其实的日本""名副其实的京都"的信号。京都御苑再兴工程于19世纪80年代正式启动。

1881年（明治十四年）1月，京都府知事由槙村正直改为北垣国道，1883年（明治十六年）再兴议案由岩仓具视[2]（1825～1883）提出。此议案确定了建成后的京都御苑从京都府所管辖的

---

1 日本幕末、明治初期，幕府和有实力的诸藩为吸收和研究西欧的科学技术而设置的自然科学研究所兼学校。——译注

2 公卿，王政复古功臣之一，任1871～1873年岩仓使节团全权大使。——译注

公园变为皇室财产，即举办天皇继位仪式、大尝祭[1]等大典的场所。此议案的出台有以下多种考虑：仿照 19 世纪 80 年代的俄罗斯将莫斯科作为举行传统大典的都市，圣彼得堡作为政治首都的做法；确定东京为举办继位仪式的场所，京都御所为举办大尝祭的场所；将京都重新定位为保存历史传统的古都；最终走向立宪制国家的构想等。

随着 1889 年《大日本帝国宪法》的颁布，天皇从赤坂离宫移居皇居，举行明治宫殿、宫中三殿（贤所、皇灵殿、神殿）的落成典礼，皇居被定位为帝都东京的中心。但是，在此时确定的皇室典范中，只有天皇的继位仪式、大尝祭是在京都举行等简单的规定。到了 1909 年（明治四十二年）颁布的"登极令"才有关于天皇继位礼仪详细的规定，为迎接从明治时代到大正时代的 1915 年（大正四年）的大典作出了明确的规定。可以说，举办大正大典时，京都御苑已形成如今的面貌。而且，大正大典是日清、日俄战争之后日本天皇换代的仪式。作为以此为契机的京都与东京的城市规划成果，京都火车站的改建、东京火车站的新设以及皇居、御所的"行幸道"等基础建设的整备工作开展起来。

1　天皇继位后，首次举行的用当年新谷敬奉诸神并亲自尝食的祭拜仪式。——译注

东京火车站：展现日本国家威望的建筑物

我们首先考察在日韩合并后的 1915 年，日本举行的天皇就任仪式——大正大典时天皇从帝都东京向古都京都进发的路线，然后再思考在大正大典中神圣的天皇就任之地——京都御所的历史意义。

东京火车站作为"新世纪开始的新现象"，1914 年（大正三年）12 月开始运营。在此之前，作为"明治文明的先驱"的新桥火车站是通往西日本的东京大门户。在夏目漱石的小说《三四郎》（1908）中，在滨松途中与留胡子的男人相遇的主人公，听了他揶揄日本民族主义的话"即使日本在日俄战争中取胜，也成不了一等国家"而不知所措时到站的就是新桥站。受日俄战争后萌生的大国意识的影响，在帝都的城市规划中，就有为举办大正大典，兴建从皇居通往南面的东京站的道路计划。由辰野金吾设计的东

开始运营时的东京火车站
图片提供：铁道博物馆

京站作为皇居南面的新大门户于 1913 年（大正二年）完工。与此相呼应，为即将到来的天皇就任时的露天大游行队伍，在京都加紧进行京都火车站第二期的兴建。作为三大工程的一环，乌丸街得以扩建和整备。

在 1915 年 11 月 6 日的大正大典中，跟在承载贤所的御羽车之后，天皇行幸的凤辇[1]从皇居正门出发，走出马场先门后，往左拐，走已整备好的堀端街，然后到达开业后的东京火车站。在皇居门外的两侧，有贵族院和众议院的议员及高官 2646 人目送（《大典记录》）。

东京火车站于 1914 年 12 月 14 日竣工，共花了 25 年时间。辰野金吾接受设计委托是在 1903 年（明治三十六年）。其后，由于后藤新平[2]（1857～1929）强烈主张将东京火车站建成展现日俄战争胜利后日本国家威望的建筑物，将当初的平房建筑改成预算高达 380 万日元、南北长超过 330 米、用砖砌成的华丽的文艺复兴样式的三层建筑物。在中央正面有敷设花岗岩的停车廊，从这里走进去，在通风处的四面挂着由东京美术学校的黑田清辉、和

1　顶上装饰有金凤的天子乘舆。——译注
2　日本政治家，伯爵，历任邮政、内务、外务大臣和东京市长。——译注

田英作两位教授创作的以海陆军、殖产、工业为主题，讴歌大日本帝国"文明"的油画（后在战火中毁坏）。东京火车站建成后，在它的西侧，相继修建了中央邮局和东京府厅，在它的东侧修建了铁道院。

大正天皇途经东海道，在名古屋离宫留宿一夜之后前往京都。天皇乘坐的御料车从滋贺县的马场站穿过施工难度很大的逢坂山隧道，再从山科（京都市东部的一个区）的劝修寺走大龟谷街，经过伏见的稻荷站前到达京都站。沿线一路唱着《铁道歌 东海道》（1900，大和田建树）里的歌曲，如"红鸟居的神寂静，站在伏见的稻荷山。东寺塔的左拐弯，停在七条火车站"。

京都火车站：京都交通体系的中心

1877 年（明治十年）2 月 5 日，京都火车站，即原来的京都停牛场举行开业典礼，正式运行。它位于七条街盐小路南面，是京都最早的西式砖结构建筑，与西式餐馆一起成为京都文明开化的象征。

京都的交通体系以京都火车站为中心展开。1897 年（明治三十年），京都站到嵯峨站铁路开通，1899 年（明治三十二年）京都站到园部站铁路开通。为配合第四次内国劝业博览会的召开，1895 年日本最早的城市轨道交通开始营业。一条是京都站到冈崎蹴上，另一条是到西阵的大门堀川立卖，还有一条是到伏见市（不隶属京都市）的下油挂町的线路。这三条线路都从京都站开始敷设。从四条大宫到岚山的岚山电气轨道交通于 1910 年（明治四十三年）开业。

　　江户时代以来，东海道的三条街、伏见街道、竹田街道是进入京都的通道。在盐小路七条这一下京区的尽头开设了京都站，增加了进入京都的人流量。因此，在大正大典之际南北向的乌丸街进行了扩建。乌丸街是三大工程规划中重要的主干线，被视为"行幸道"。在西乡菊次郎任市长的 1911 年（明治四十四年）的规划中，从京都站到京都御苑南侧的丸太町街，有 15 间（约 27.3 米）的宽度间隔车道与人行道。人行道中以约 4 间（约 7.3 米）的宽度间隔种植鹅掌楸。在大正大典时，除了从这一堺町御门到丸太町街西拐和到丸太街南拐的京都停车场御所—京都站间的行幸道路之外，御所—二条离宫（二条城）间的行幸道路、御所—泉涌寺间的行幸道路都得到了整备。天皇通行时，这些路面上铺撒了 3 厘米的白沙（《大正大典京都府记事 庶务之部上》）。

为了大正大典，从 1913 年（大正二年）开始，京都站扩建工程仅仅用 10 个月时间就完工了。用下赐的木曾[1]御料林的桧木建造成两层建筑，外观是用石头建造成文艺复兴时期的样式，西侧的皇室大门口设置了豪华的便殿和贵宾室。扩建后的京都站比扩建前向南扩宽了 140 米左右，面对乌丸街的站前有大型广场。在大正大典时，该广场建造了罗马式的奉迎门。

大正大典时，市电已经运营。但作为交通工具的人力车依然

第二代京都火车站
图片摄影：黑川翠山
图片提供：京都记忆档案馆

1　指长野县西南部、木曾川上游一带地区，以产优质桧木出名。——译注

非常受欢迎。在同年 3 月的调查中，拉一人的人力车有 2560 辆，车夫有 2548 人。在北野天满宫门前，京都府命令经营人力车的侠客、小畑岩次郎为人力车筹措人。小畑岩次郎在同一时期作为职业演出者整备耳冢，并参与连歌舞伎、文乐[1]中有关"太阁记"[2]表演的中村雁治郎、川上音二郎等人也捐献了耳冢的木栏杆。

在御苑内，即位仪式在紫宸殿搭起了天皇的高御座、皇后的御帐台，大尝宫设在仙洞御所内偏西的地方。为举办大正大典，从禁门御所的建礼门到南面，从高仓桥北端到堺町御门的街道宽度扩大到 20 间（约 36 米），并种植了梅、冷杉、罗汉柏、乌冈栎共计 2000 棵以上，种植结缕草达 7300 坪（1 坪约等于 3.306 平方米——译注）。11 月 7 日，在建礼门前街，天皇的队列通过时，有各种团体共 8 万人前来奉迎。复活的贺茂祭的路头仪式也从这里开始。这是近代御苑里最重要的盛装游行队伍游行的场地。以大正大典为契机，御苑内的道路从贺茂川开始，用三年的时间收集"如玉的小沙石"后才敷设。类似这种庄严的空间不仅在京都御苑一处，在伊势神宫、橿原神宫、天皇陵等神圣的空间，在明治后期到大正期间都接连进行着这样的敷设。

1　日本特有的配合义太夫调净琉璃演出的偶人戏。——译注
2　以丰臣秀吉的生平事迹为题材的作品的总称。——译注

大正大典与桧垣茶屋

在大正大典时，来自农民、商人、手工业者、皇室贵族、士族提出各种各样的义工和捐献的申请，要求确认恢复因明治维新之后迁都东京而被切断的京都、畿内地区社会与皇室之间的联系。例如，在近世朝廷的年中传统仪式活动、即位仪式中，曾被歧视的住宅阴阳师——畿内的"历代组"请愿要求政府将他们编入士族（《若杉家文书》）。

在这里介绍一下桧垣茶屋的后裔提出的侍奉请求。桧垣茶屋位于江户时代的御所观光里最繁华的地方——看公家进宫的公卿门前。这里以桧垣茶屋为线索，慢慢走进天皇在迁都东京（明治二年）前居住的京都九门内的空间。

公卿门公家进宫
援引图书：《名所向导京都图鉴纲目》，菊屋长兵卫刊，宝历四年（1754）

居住在下鸭村的士族森本善信于 1915 年（大正四年）11 月提交了请愿书，请求当局为观看大正大典仪式的人设置休息的地方，同时也递交了说明书（"大正四年、大典事务、知事官房"，《京都府行政文书》）。他在说明书中说到，15 世纪宽政年间以来，皇宫御所围墙内的公卿门及厨房门的旁边允许设置桧垣茶屋，现已移至御苑内大榎方向，并要求驱逐九门内的游动商贩，确定他们为公卿、诸侯参勤同来的近侍人员提供茶水服务，贩卖直径大约 6 厘米 10 文钱的菊花纹馒头等事。

此外，说明书还说，在历代天皇即位仪式、大尝祭时用下赐的茶器供茶，每年元日向皇宫、摄关家[1]、清华家[2]供奉甘茶、炒麦粉、粉茶三种食品，为即位仪式时的舞会、能剧、正月的斗鸡、节分、夏灯笼等年中传统活动提供茶。允许平民参拜皇宫御所时，向他们以每人 10 文钱的价格出借有桧垣纹章的上下服装、木屐带草鞋，并为参拜者存放木屐、草鞋，以 10 文钱的价格为客人保管随身行李。此外还强调森本家与以前朝廷的关系。他们此次大正大典的御用侍奉服务得到认可。

1　指被任命为摄政、关白的朝臣家的门第。——译注
2　地位仅次于摄关家，兼任大臣、大将的太政大臣。——译注

江户时代后期的京都观光，最吸引人的地方是皇宫御所与公家町四周。其中，公卿门前人气最旺，这里是观看公家贵族进宫的地方。所谓桧垣茶屋就是在公卿门旁边提供服务的茶屋，人们在这里喝酒，享受美食。上京的游人前来观看身着形形色色奇异服装的公家贵族进宫的场面。在江户地区，最大的观光景点是江户城，人们注视着单手持《武鉴》、根据门第高低而展示不同规格的豪华的大名列队。森本家的说明书还提到，不光是面向九门内的皇宫的地盘内的交通路线，皇宫御所举办即位仪式、大尝祭以及正月、节分等年中传统活动时，只要付 10 文钱即可观看。由此可见，御所是时常向平民开放的场所。

就像为天皇即位仪式提供木屐带草鞋是大和国被歧视部落的职务那样，九门内的道路扫除是由莲台野部落的小法师[1]负责的。自古以来，王权与跟从事艺能、宗教活动有关的"贱民"的有机联系一直延续到明治二年（1869）迁都东京之前。在正月十五日前后举行的祭火节，那些戴着用卷发做的假发打鼓的阴阳师、壬生哑剧中的耍猴人和大和万岁等人作为拥有特殊能力的人，既受人歧视又令人畏惧。在整个近世，举办正月庆祝活动的场所需经在天皇眼前研修艺能的人的认可。正如纲野善

1　指年轻僧人，也指在中世和近世，出入皇宫负责扫除等杂务工作的身份低微的人。——译注

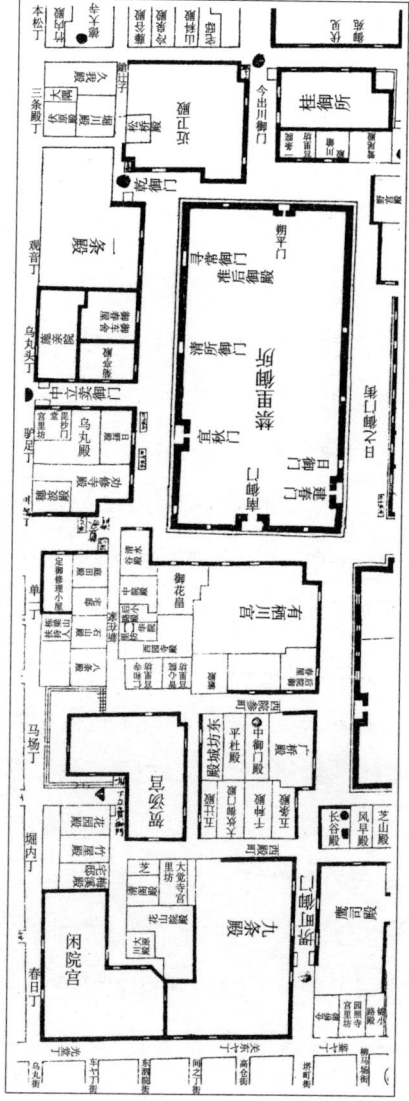

幕末公家町（西侧部分）
援引图书：《掌中云上拔锦》，庆应二年（1866）

彦指出的，王权与"贱民"之间不可分割的关系存在于迁都东京之前的京都御所。

漫步京都御苑

现代的京都御苑除了皇宫御所、仙洞御所外，还有环境省整备的闲院宫宅第旧址、拾翠亭的茶屋遗留的九条宅第旧址、桂宫宅第旧址的夯土墙和白云神社、宗像神社等御苑内的神社。江户时代的建筑物及其遗迹只剩下明治天皇诞生的祐井。在江户时代，执掌天皇居住的皇宫御所、御院的仙洞御所，以近卫家为头号的摄政关白，接受幕府指令控制朝廷的五摄家，有栖川宫、桂宫等天皇的亲戚以及允许升殿的公卿达 138 家。

从庆应二年（1866）发行的《掌中云上拔锦》中，能详细了解幕末京都御所的真实情况。与今天一般人所以为的不同的是，在乌丸街、今出川街、丸太町街等外围的街道上，没有在土墙上砌瓦的土围墙和石垒墙（现在看到的是于 1878 ～ 1880 年间垒筑的墙）。不过，在从九门到天皇居住的皇宫御所的道路两侧，有规整庄严的夯土围墙（用粗线表示）。武家从二条城走过来的御所正门即中立卖御门，而从中立卖御门直线往东的皇宫的道路，从南面的堺町御门参观皇宫御所的公卿进宫穿到今出川御门的游人的道路，从禁门草寺町的清和院御门的道路等两侧都有夯土围墙。

我们建议诸位从靠近地铁丸太町站的闲院宫宅第旧址（环境省）的展示设施开始参观现代京都御苑。这里有对京都御苑历史和四季自然环境的展示说明。1883 年因为要在闲院宫宅第里设置宫内省京都支厅，保留了江户时代珍贵的建筑物和庭院。从里面的展示看，我们可以了解江户时代的公家町集中呈现了京都各町的印象，京都的百姓或游人可以自由出入九门内。

离开闲院宫宅第，从九条宅第旧址的高仓桥上看到明治前期博览会时开设的餐馆和茶店，也能看到海女的潜水表演。沿御苑南北向的建礼门前大街体现了大正大典时近代京都御苑的特征。

另外，值得注意的是，公家宅地内有祠堂。在九条邸旧址的严岛神社、在花山院邸旧址的宗像神社，以及从稍往北走的在西园寺宅第旧址的白云神社，能窥视到江户时代京都各町的人们的不同信仰。在琵琶宗家西园寺家宅地的神社——白云神社，供奉妙音弁财天。从保留下来的石灯笼看，说明从宽政时期开始京都各町的人们就有"巳之日讲"的活动。同样，在江户时代，在出町柳的弁财天位于今出川街东面尽头的鸭川西岸伏见宫的宅地内。

江户时代，宫宅地、公家宅地与皇宫御所一样，有时也对平民开放。

现在我们一边参观有政治权力的宫殿——朝彦亲王宅第旧址的贻范碑，一边再往北上。可以确认的是，在元治元年（1864）"禁门之变"[1]中来岛又兵卫自杀时用的朴[2]就在清水谷宅第里。在江户时代，京都景点之一的公卿门前的桧垣茶屋出售酒水和菜肴，人们坐在靠椅上一边喝酒，一边看着公家贵族进宫。如前所述，只要向皇宫御所交钱就能观看即位仪式以及节分、灯笼等年中传统活动。请各位想象一下开放时的朝廷、九门内公家町的场景。春天，在公卿门前往北眺望，就会看到菊亭家的车返樱和近卫宅第的垂枝樱从夯土墙上，犹如浅桃色的瀑布一般倾泻而下的情景。

京都御所在春秋两季正常开放期间，人们可以从公卿门进入参观。御所内从南面的紫宸殿、小御所、御学问所等公共场所出发，再往北走，就能看到天皇的御长御殿、御花御殿、皇后宫常御殿等更私密的地方。始于 7 世纪后半期的天武朝的大尝祭是颇具日本特色的传统活动，在建于安政二年（1855）的紫宸殿的南庭，

---

1 亦称"哈御门之变"，1864 年 7 月，长州藩兵与幕府军发生冲突，为重振尊皇攘夷派势力而进京的长州藩兵与会津、萨摩藩兵战于京都皇宫西侧的哈御门附近，长州藩兵败北。——译注

2 古代的一种武器，形状窄长有短把的刀，双手使用。——译注

种植着右近橘[1]和象征国风文化的左近樱花[2]。而在环绕南庭的回廊内是涂成红色的唐风场所。天皇即位时在紫宸殿内装饰的圣贤图屏风也是取材于中国帝王文化的典故。另外，看17世纪后半期明正天皇即位仪式时屏风上的画，我们似乎能听到允许参拜的平民在南庭喝酒干杯、妇女敞着怀哺乳、人们无拘束地闲聊的嘈杂声。我们通过回想皇宫、公家町与平民之间这些欢快的场景可以得知，与前近代相比，近现代王权的状况发生了很大的变化。

明正天皇即位仪式的屏风（部分）
图片提供：宫内厅

1　种植在紫宸殿南庭西面的橘，据说平安时代由右近卫府种植，故称。——译注
2　种植在紫宸殿南庭东面的樱花，据说最初由左近卫府的武官种植在该府南侧，故称，变称"南殿樱"。——译注

第七章

"日本国王"的街道：
北野和北山

在京都开设的室町幕府与公家、寺社等既存的权力机构紧密结合，在"北山"之地构筑自己独立的地盘，推行其外交政策。下面我们对此进行考察。

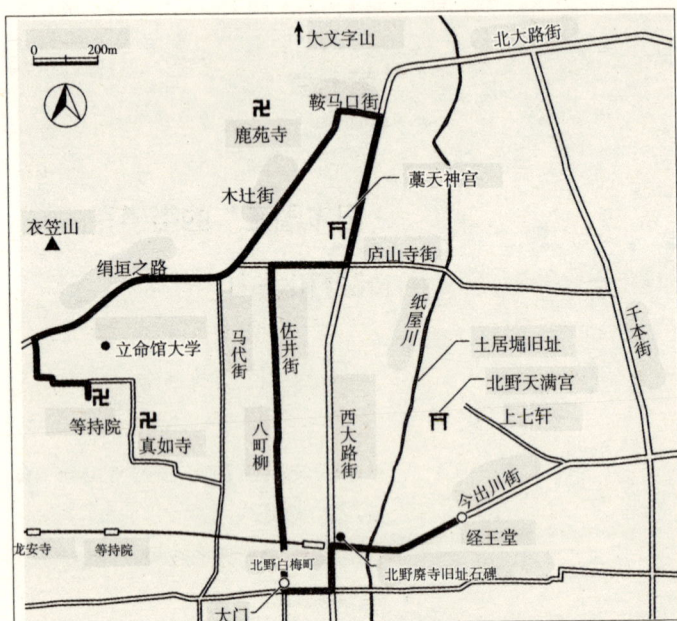

去北野天满宫从地铁乌丸线"今出川站"乘坐市公交 203 路车,在"北野天满宫前"下车,或在京都站前乘坐公交 101、205 路车,在"北野白梅町"下车,徒步。去"鹿苑寺",在京都站前乘坐公交 101、205 路车,在"金阁寺道"下车,徒步。

北野天满宫：祭拜学问之神

　　京都始于"宫都"，在悠久的历史长河中，可以说，在京都设根据地的武家政权室町时代是一个奇特的朝代。与镰仓幕府和江户幕府将根据地设在外地不同，室町幕府将根据地设在京都，出于政治和经济两方面的考虑：在政治上，草创时期的幕府需要组织畿内的武士团以把控后醍醐天皇朝廷的动向；在经济上，当时的京都明显比其他地区发达。可以说，在京都开设室町幕府，使禅寺、祇园祭等祭祀礼仪活动得以发展，由此构筑了现代京都文化的基础。有学者认为，特别是第三代将军足利义满确立了室町幕府对京都的支配权，有"篡夺皇位""篡夺王权"的企图。这被认为是日本政治史和国家史中十分值得研究的问题。有关室町幕府在政治史上的定位的研究一直很活跃。

　　众所周知，就是这位足利义满在京都室町兴建了被称为"花御所"的宅第，并在将将军职位让与其子足利义持之后，在京都北山兴建了北山殿。根据近些年细川武稔氏的研究，这个以北山殿为中心的政治空间被称为"北山新都心"，引起了人们的关注。因此，本章顺着细川氏的研究，走访北山新都心和邻近的地区，对足利义满的政治活动进行考察。

首先，我们选择在与北山新都心邻近的地方，走访与足利将军家有密切关系的"北野"。在平安京建都之前，北野最初是山背国葛野郡上林乡的一片广阔地区，是渡来人秦氏开发的地方。现在，在北野白梅町十字路口东北角处，有一座刻有"北野废寺旧址"的石碑。根据发掘调查，已确认飞鸟时代[1]秦氏兴建的寺院就在这一带。"北野"自平安京建都之前就是知名的祭拜雷神（即天神）的地方。据传，元庆年间（877～885）藤原基经向雷神祈祷作物有好收成应验之后，每年一到秋天他就向雷神祈祷（《西宫记》卷二四"临时十二"章）。给清凉殿带去落雷的菅原道真的灵魂与天神调和，最终在具有这种性质的场所发展为北野天满宫。

北野天满宫建于 10 世纪。根据缘起之一的《北野天满大自在天神宫创建山城国葛野郡上林乡缘起》（《神道大系·神社编·北野》）记载，北野天满宫的祭祀活动始于天庆五年（942），天神（道真）向右京七条二坊十三町的居民"多治比奇子（文子）"下达要在北野的"靠右的马场"祭拜他自己的神谕。现在的北野天满宫已经成为专门祭拜学问之神菅原道真的知名神社。不过，根据前述的北野的性质及天满宫创建的来龙去脉，北野天满宫具有

1　日本在奈良盆地的飞鸟地区建都的时代，指从推古天皇 592 年即位至 645 年间大化改新，也有延至迁都平成京的和铜三年（710）之说。——译注

了解招福神、雷神、怨灵神、冤罪神等多种信仰的历史的功能。在北野天满宫南面宽广的旧北野天满宫领地"西之京"，人们至今仍把天神看作五谷丰登之神，到每年的 10 月 1 日至 5 日芋茎祭时，西之京瑞馈神舆保存会奉纳蔬菜神舆，即"瑞馈神舆"。

被认为是道真希望祭拜自己的祭祀之地"靠右的马场"，相当于现在的沿北野天满宫内的东侧行走的街道（在御前街延长线上的街道）。根据菅野扶美氏的研究，在室町时代，"南门牌坊"（在现在的一鸟居之北）的范围，除了经堂之外，还有连歌所、八幡社、夷社、所司代松。据说，室町幕府第四代将军足利义持在此马场种植了千株樱花树（《满济准后日记》应永二十六年十一月二十五日），现在以梅花闻名于世的天满宫，在室町时代曾是连歌[1]吟诵的樱花名胜地。

10 世纪创祀之后，北野天满宫的社殿屡次被烧毁，现在的北野天满宫社殿是庆长十二年（1607）丰臣秀赖兴建的。因为在本殿和拜殿之间摆设的石头间的石头间造（权现造）而成为国宝。北野大茶道表演加深了天满宫与丰臣政权之间的关系。在丰臣秀吉对京都的改造中，用土围墙将北野社属地围起来，形成了护城

1　从短歌形式派生出来的日本独特的诗歌形式。——译注

河，北野天满宫也就从"洛外"的寺社变成了"洛内"的寺社，艺能表演兴盛起来，成为江户时代的一大参拜地。虽说丰臣家为建设天满宫打下基础，立下功劳，但在这之前，室町幕府的各代将军对北野天满宫十分敬重，尤其是第三代将军足利义满频繁地去天满宫参拜。这些都是天满宫建设中很重要的因素。如果在现在的北野天满宫内漫步，可以看到许多反映天满宫历史的旧址。在这里，我们可以从这些具有历史意义的遗迹中选择与足利将军关系密切的地方作详细的介绍。

足利将军家对北野天满宫的信仰

据河音能平氏的研究，从平安时代末期到镰仓时代，北野天满宫拥有的庄园领地只有能登国菅原保、筑后国河北庄园等少数地盘，但自从受到足利将军的重视后，其领地急速扩张，成为拥有领地达 24 国 80 所的寺社。足利将军家与北野社的关系始于第一代将军足利尊氏和其弟足利直义在南北朝内乱时期时，向北野社的僧人捐赠所属的领地作为祈求胜利的担保物。之后，将军通过下达祈祷命令，进一步加深了与北野社的关系，形成了由特定的寺社僧人"将军家御师"主持祈祷活动的制度。到第三代将军足利义满时代，自称"松梅院"的僧人继承了御师的职务。

正如西山克氏、樱井英治氏所指出的那样，室町幕府第三代将军足利义满和第四代将军足利义持都频繁参拜北野天满宫。第四代将军足利义持出生时，足利义满曾参拜天满宫，命令北野社进行御产祈祷。这样，因御产祈祷而出生的义持也在第五代将军义量早夭之后，为祈祷嫡子的出生，多次造访松梅院禅能的住所。我们参考《洛中绘图》（宽永十四年，宫内厅书陵部藏）等绘图，认为松梅院住所的位置应在现在的东门起到街道两边的东北处。

在现在的一鸟居南面，有一座足利义满下令建造的经堂（经王堂）。据野地秀俊的研究，经堂的地盘延伸至现在的今出川街（现在的一鸟居前的今出川街于 1938 年扩建），当时，这里属于北野社的"辖地"。这座经堂是为了安顿明德之乱中死难者的灵魂而开设，并作为"北野万部经会"的诵经场所而兴建。据说，明德之乱是由义满挑拨有实力的"守护"[1]山名寺而引发的。万部经会是每年 10 月 5 日开始到 14 日的十日间，有一千名僧人诵读法华经一万部的法会，各代将军都向神佛许愿，还成为"御成"（出席法会听僧人诵读法经的人）。根据濑田胜哉氏的研究，最初在"北

1 日本镰仓、室町时代的官职名，是幕府派遣到各藩国管理军事和警察的官员。从南北朝到室町时代，侵占国衙领和庄园，发展成为"守护大名"。——译注

野南马场"建造的"简易房二字"将天台僧作为愿主，来自民间僧人的万部经会是由足利义满下令举办的。随着应永八年至十年（1401～1403）经堂的完工，万部经会被确定为年中传统活动。兴建经堂的这片土地由室町将军家管理，北野社不得干预，以替换后小松天皇捐献给北野社的土地——这块地曾是明德之乱的主战场"内野"（大内里旧址）。

现在，从今出川街的经堂旧址往东眺望，能看到雄伟壮观的比叡山。竹内秀雄氏指出，经堂是东西向的观点和万部经会的发端与天台僧有关的事实，可以认为，万部经会以及经堂之所以选择在此地兴建可能与比叡山延历寺的存在有很大关系。宽弘元年（1004）有菅原氏背景的比叡山延历寺西塔北溪东尾坊的僧是算成为"别当"[1]以后，北野天满宫一直是由东尾坊（后来的曼殊院门旧址）世代继承别当职务统管的神社，即直到明治时期神佛分离之前，是以神佛调和的思想为根基，一直作为延历寺末社被称为"补僧"的僧人运营和管理的神社。根据传统习俗，北野社本殿受让延历寺东塔根本中堂的灯（《北野社家日记》庆长六年正月八日）。

根据竹内氏的说法，经堂到了明治三年（1870）就沦为废寺，

1　指当官的人兼任其他官职，日本古时特殊衙门的长官。——译注

写下"经王堂"文字的竖额由在北野天满宫东面的大报恩寺（千本释迦堂）收藏。可以认为，这个竖额即在《满济准后日记》应永三十二年（1425）十月五日里提到的"今日揭经堂之额，经王堂云云，御笔云云"。

另外，与经堂关系密切的轮藏，现由位于爱媛县新居滨市的曹洞宗的寺院、佛国山瑞应寺收藏。一般认为，轮藏是指收纳佛典的翻转式的藏，通过翻转藏，就可获得佛典诵读相等的功德。根据大塚纪弘氏的研究，轮藏最先由唐代、宋代的中国建造，其后，镰仓时代中期的日本也能够建造。随着时间的推移，建造地也由京都、镰仓向各地扩展。据说在这样的潮流中，北野天满宫也于应永十九年（1412）由觉藏房增范的劝进，开始了一切经的书写，到了第二年接纳它的轮藏就建立了（《大日本史料》第七篇第十六章《洛北千本大报恩寺缘起》）。劝进一切经书写的觉藏房后来担任一切经的管理和经堂的管理工作，还成为万部经会的负责人。

有关北野天满宫的轮藏转移到瑞应寺的来龙去脉，在瑞应寺瑞云会编的《一切经劝募与轮藏的由来》里有详细记述。据说，在明治初年神佛分离的影响下，瑞应寺万丈、北野社的社务负责人以及佛师等人进行交涉，经过瑞应寺的总檀头、在大阪的"住友"本店总经理广濑宰平等人的努力，于明治四年转移至瑞应寺。

2015 年（平成二十七年）1 月，受西之京瑞馈神舆保存会的热情邀请，笔者参加了该会的研修旅行，走访了瑞应寺，并拜见了八角形的轮藏。下面的照片就是当时拍摄的。

转移至佛国山瑞应寺的北野天满宫的轮藏
协助摄影：瑞应寺

如上所述，通过参拜、参笼经堂的建造，足利将军家与北野天满宫一直保持着密切的关系。这里值得注意的是，足利义满对北野天满宫的信仰不仅保证了下一代将军足利义持的安全出生，也与被称为"北山殿"的新城空间的形成有很大关系。根据细川武稔氏的研究，义满在转住北山殿之后，强烈意识到北野天满宫的存在价值。住下之后就将参笼[1]常规化。而且，据说现在的敷地神社（稻草天神）曾被称为北山的"天神社"，很可能它原先在北山殿北侧，北山殿建成后才迁至现在的地方。从义满举办北野万部经会和建造经堂，以及义满转住北山殿的事实来看，可以说，正如细川氏所指出的那样，"北山与北野已经超越了土地边界，相互影响"。

北山殿与"北山新都心"

北山殿的建造始于应永四年（1397）。足利义满在此之前早已将将军一职让位给其子足利义持，并于第二年出家。

13 世纪西园寺公经[2]于北山之地兴建了"北山第"，并以本堂

1　指为祈祷而在神社、寺院居住一段时间。——译注

2　1171~1244，藤原实宗之子，今上天皇的真系祖先，平安时代至镰仓时代前期的公卿和诗人，被认为是西园寺家族的最初祖先。由于 1227 年建于京都北山的别墅被称为西园寺，西园寺故而成为家族的姓。——译注

西园寺为中心兴建了许多佛堂和作为别墅的寝殿。成为后深草上皇以及其他上皇、天皇来访的地方。根据东洋一氏的说法，公经仿照《源氏物语》"若紫"卷中的"北山"寺建造了西园寺。他在日本与宋朝的贸易中获利。此外，他在北山殿建造了融合熊野三山与中国天台山特色的大瀑布。在受让此地后建造了新的"北山殿"的足利义满，有时还被看成是光源氏与明朝进行的交易。而且，以北山殿为核心，建成了"北山新都心"，它包含武家的宅第、延历寺和醍醐寺的门迹的主坊。

我们参考细川武稔氏对北山新都心的研究之后，再前往北山殿。据说，北山新都心的南面边界是在一条大路上的"一条大门"，此大门的所在地是现在的一条街与佐井街交叉的地点。此大门挂着"拱北门"的前额，"拱北"里具有"四方之民归附天子的德化之意"。而且，从大门北上八町分（约970米）走到佐井街和"高桥街"（芦山寺街）的交叉路口附近，再边走边找北山殿的"惣门"。从一条大门到惣门的八町分的路被称为"八町柳"，西园寺家北山公馆从建馆时起，八町柳一直是到北山公馆的顺路。

八町柳，顾名思义，是种植柳树的道路，不排除这条街是被喻为朱雀大路的那条路。众所周知，足利义满与明朝保持交往，并与中国展开贸易。应永九年（1402），当明朝使者携带将义满称为"日本国王源道义"的明朝皇帝的诏书来日时，在八町柳两侧有武士站立迎接，走向北山殿（《和汉合符》）。八町柳以前曾是外交使节经过的道路，现已成为休闲住宅街。

顺着八町柳往北走，前方有个"惣门"。它位于北山殿南边界，从此惣门到大文字山一带是北山殿的南北范围（北山殿的东面边界是纸屋川，西面边界是衣笠山）。在惣门前东西走向的"高桥街"（芦山寺街）是足利义满于应永六年（1399）赴相国寺塔做佛事的时候开通的路，应永十五年（1408），后小松天皇行幸北山殿时，也从高桥街前往惣门。这些都表明在"重要的国内传统活动"时，它是连接京城内与北山新都心的道路。高桥街的"高桥"意指这条街是架在纸屋川上的桥。足利义满的侧室高桥殿就在这里。众所周知，高桥殿也被称为北野殿，它是应永八年，将悬佛像（镜）接纳至北野天满宫本殿的申请人（《御神宝注文》"北野天满宫史料"古记录）。

进入惣门往北走，寻找通往足利义满的居所"北御所"的"四脚门"。从惣门至四角门的"马场"，是应永十五年后小松天皇行幸时如"四处盛开的八重樱好像正翘首以待天皇行幸的到来"所说的那样（《群书类从》第二十四辑《北山殿行幸记》），到处都是满开的樱花。另外，在马场的西侧，有义满之妻日野康子的居所"南御所"和"崇贤门院御所"(崇贤门院为后小松天皇的祖母、义满之母的姊妹)。据说"南御所"的所在地大概在现在的金阁小学旁边的"白河天皇火葬地"附近。

　　沿着马场的樱花树往北走,有朝南的四脚门,在它前面是足利义满的居所"北御所"。应永九年,明朝使节到访北山殿时,义满曾亲自到四角门迎接(《满济准后日记》永享六年五月十二日)。

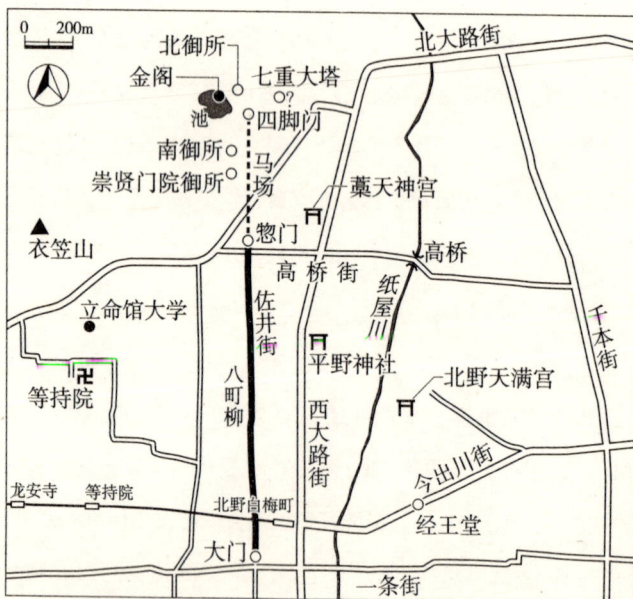

根据细川武稔《"北山新都心"的相关笔记》收录的地图制作而成

他也在应永十五年后小松天皇行幸时在四角门迎接天皇（《北山殿行幸记》）。

在北御所东侧，有天台门旧址之一青莲院门旧址的住坊。在北山殿举办的每月例行的"大法"与在山门、寺门、东密各门派的阿阇梨的住房等场所举行的迴祈祷的修道构成"北山第祈祷"，这一点大田壮一郎氏有详细的研究。他认为，青莲院尊道将"大法"的大阿阇梨当作圣护院道意轮流为之服务。这位圣护院道意的住坊也位于北山殿内。而且，北野天满宫的别当（寺院总掌寺务的僧官——译注）竹内门迹（曼殊院门迹）的住坊在北山殿兴建后的应永五年（1398），已经从鸭川东面移居到北山新都心内靠北的"高桥"附近。应永九年，曼殊院道豪继青莲院尊道之后成为天台座主。此外，在北山新都心的南端，也有醍醐寺三宝院的宿坊。

金阁寺与七重大塔

位于北御所内部西侧的舍利殿金阁寺临池而建。关于金阁寺有两种观点，一种观点是以西芳寺琉璃殿为蓝本，作为足利义满崇尚圣德太子和舍利的象征；另一种观点是它来自于 8 世纪在中

被烧毁前的金阁寺
援引图书:《京都名胜志》京都市编

国的圣地五台山兴建的金阁寺。义满兴建的金阁寺于 1950 年（昭和二十五年）烧毁，于 1955 年（昭和三十年）重建。据说，烧毁前的金阁寺与现在的金阁寺一样，都是三层建筑物，二层挂有义满亲笔题字"潮音洞"的匾额，三层挂有后小松天皇的亲笔题字"究竟顶"的匾额（《荫凉轩日录》文明十七年十月十五日）。此外，作为会所而兴建的天镜阁和二层走廊相连接（《卧云日件录拔尤》文安五年八月十九日）。

此外，北山殿还有"七重大塔"。七重大塔先由相国寺兴建，应永六年（1399）足利义满从北山殿去相国寺为落成的大塔做佛事。这座七重大塔高度约为 110 米，超过白河上皇在法胜寺兴建的高达 81 米的九重大塔。现在的京都塔的高度除去下面的高楼部分，为 100 米，可想见七重大塔的高度是惊人的。不过，在庆永十年（1403）七重大塔毁于雷火，在当年，由北山殿重建。

七重大塔的重建，除天龙寺、南禅寺等禅僧人外，也召集了东寺僧人（《大日本史料》第七篇之六《吉田家日次记》《东寺百合文书》）。富岛义幸氏认为，从七重大塔模仿东寺五重塔的安置佛，将本尊作为金刚界四佛这一点看，七重大塔带有密教的特征。不过，应永二十三年（1416），此大塔在即将完成的时候又毁于雷火，虽然由相国寺重建，但在文明二年（1470）再次毁于雷火。

关于在北山重建的七重大塔的所在地到底在哪里，有多种观点。东洋一氏认为，七重大塔在现在的鹿苑寺内，将不动堂参道东侧高出的部分作为候补；而细川氏则认为，七重大塔在鹿苑寺之外。不论哪种观点都认为根据大塔在京都越往北走地势越高的地形特点，七重大塔应该是在京都的任何地方都能看到的，它显示着足利义满权力的强大。

关于足利义满篡夺皇位的争议

位于北山殿西南的足利将军家的菩提寺、等持院也属于北山新都心的行政区划。这里有第一代将军足利尊氏和第二代将军足利义诠的墓地，足利义满进行火葬的地方也在等持院。在等持院附近，有被称为"法住寺"的禅院，相当于造访北山殿的明朝使节居住过的地方。

现在，在等持院内东侧的灵光殿，安放着历代足利将军的木像，据说是在将军死后不久雕刻的。木像在应仁、文明之乱中被烧毁，因此，现在的木像是在江户时代初期制作的。文久三年（1863），足利尊氏、足利义诠、足利义满三位将军因被尊王攘夷志士视为镰仓以来的"逆臣"，他们木像的头部被扔进了三条河原。

将足利氏视为"逆臣""逆贼"的观点在进入明治时代以后因为"南北朝正闰争议"的宣扬而进一步强化。佐藤进一是对战后南北朝时代的政治史研究产生重大影响的学者，他把人们带入了将对"逆贼"足利氏的讨伐作为历史研究使命的时代，这在他的《南北朝的动乱》的"前言"等处有详细论述。在以 1895 年（明治二十八年）兴建平安神宫为契机而产生的时代祭中，有彰显楠

足利义满木像
图片提供：等持院

木正成的行列，而没有足利氏的行列。"室町时代执政列"实际上出现于 2007 年（平成十九年）。

　　人们将应永十五年（1408）足利义满于北山殿去世时被追加了"太上太皇"的尊号以及他以后小松天皇临死前的行幸为契机，将次子足利义嗣以非常规的方式快速晋升官位，并暗中举行准太子礼的穿着元服仪式[1]的行为，作为足利义满"皇位篡夺""王权篡夺"的论据。对此，近年来不断出现批评的声音。据小川刚生氏的研究，足利义满在生前就希望得到"太上天皇"的尊号，其目的是为了回避世人对他以"日本国王"的称号接受明朝册封的指

1　日本古时男子的成年人仪式，改梳成人发型，改穿成人服装，戴冠，并改幼名。——译注

责。朝廷对义满的要求面露难色，斯波义将也出来谏言，他的愿望最终没有实现。因此，我们还应考虑到在义满去世后被追赠的"太上天皇"尊号是以幕府提出辞退为前提的事实。另外，根据桥本雄氏的研究，至今没有发现足利义满在日本国内使用过见于明朝皇帝诏书里的"日本国王"称号的迹象，也不可能在"日本国王"的称号里找到义满拥有权力的"象征性称号"的证据。

足利义满去世后的第二年，足利义持将军不在北山之地，而是在三条坊门兴建新的政厅，并与明朝中断了国交。应永二十六年（1419），原来的北山殿只留下了舍利殿，其余大部分被解体或转移，将其改名为"鹿苑寺"。在义持之后展开的公武关系和显密佛事的状态看，位于北山殿和北山新都心的义满时期的政治，在近年来的研究中被视为"例外"和"特异"现象。由此，当我们可以说"例外"时，说明了义满在没有"篡夺"皇位、王权的情况下将显赫的权力收入囊中。这何以成为可能？我们又将如何解释他拥有的这种强大的权力呢？疑问还是没有得到解答。

第八章

美景与灾难之地：
鸭川流域

造就许多美景的鸭川河滩也曾经是洪水泛滥，暴发饥荒、瘟疫，因而尸体大量堆积的地方。京都的历史也是一部都市灾害的历史。灾害造成了什么后果，它又是如何被克服的，这是本章要讨论的问题。

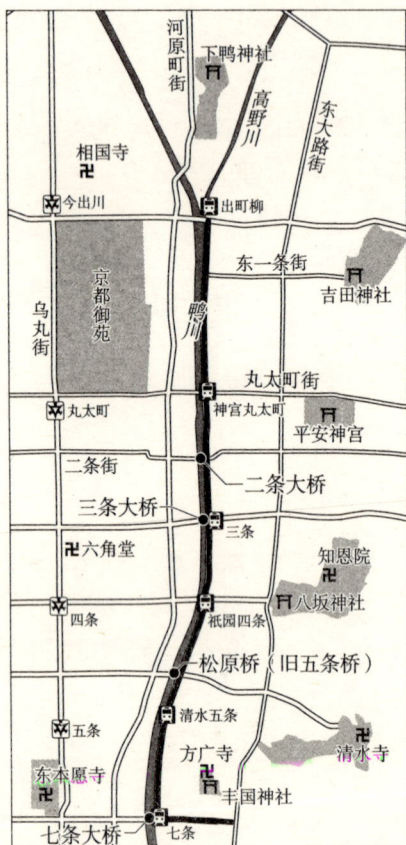

在京阪鸭东线"出町柳站"下车，从高野川和鸭川的合流点出发，沿着鸭川岸边的人行道往南走。

洪水肆虐的鸭川流域

远眺环山的鸭川河畔风景，春天有樱花装扮，秋天有红叶映染，是山清水秀之地——京都的象征，常年吸引着许多市民和游客的目光。尤其是在繁华的三条大桥、四条桥、五条桥一带，桥上熙熙攘攘的人群中，驻足观看桥下川流不息的河水和眺望远处山峦的身影随处可见。然而，以前的人在桥上看到的风景完全不同于我们现在看到的风景。

早在平安京建立之前，鸭川就出现了跟现在水路大体相同的河流。平安京建成后，不知从何时开始，鸭川与高野川交汇点的上段被称作"贺茂川"，下段被称作"鸭川"（本章为叙述方便统称"鸭川"）。现在，在鸭川流域上的桥超过40座，但令人感到奇怪的是，直到10世纪，鸭川上还没有桥，人们是蹚水过河的（唯一的例外是平安京南端处有一座"韩桥"）。虽然当时鸭川水量没有那么大，但如果降雨量增大，就会出现如白河上皇所说的"天下三不如意"之一的"贺茂川"带来的巨大灾害。这可能跟鸭川的地形特征有关。因为鸭川上游山地部分占流域面积的一半以上，河流的倾斜度在山地部分比较大，当暴雨发生时，鸭川河水容易急速高涨。

这样，鸭川作为时常发生灾害的河流，给沿岸人们的生活带来巨大的影响。不过，在河流沿岸以及桥上也刻有灾害的历史印记。下面我们从鸭川上游往下游走，说一说鸭川灾害的历史。

七濑祓

首先从纵断平安京东端的鸭川的京内上游部分开始观察，从与现在的高野川交汇点到二条大桥一带的鸭川流域，在平安时代以举行"七濑祓"[1]而闻名。七濑祓是指天皇与贵族在河合、一条街、土御门街、近卫街、中御门街、大炊御门街、二条末街的鸭川沿岸举行的祓。具有祓灌河流性质的鸭川在嵯峨天皇时代也设置了主管治水的防鸭河使。

然而，在平安时代，作为七濑祓场所的一条街附近的鸭川沿岸经常发生决堤，遭受洪水灾害的情形可以从藤原道长日记《御堂关白记》等贵族日记中得到印证。据增渊彻氏的研究，其原因是随着左京东北部城市化的推进，出现了市街区不断向鸭川靠近这一变化。此后，伴随白河上皇的鸭东开发政策而建造的东岸堤坝，增加了给西岸城市地区带来发生洪水灾害的可能性。虽然朝

---

1 "祓"是日本自古以来的习俗，通过丢弃所有物以清洗罪恶与污秽。——译注

廷采取了设置防鸭河使、改善河水流路、修建堤坝等一系列措施，但其对象范围只限于六条以北的地区，尤其是二条以北的地区。在这之后，洪灾仍然频发。

从三条大桥南下

从二条大桥顺着鸭川南下，走到三条大桥。此桥在今日是人流和车流繁忙的大桥。不过，在古代自不必说，就是在中世也没有常规架桥。据朝尾直弘氏的研究，天正十七年（1589）丰臣秀吉为统一天下下令兴建大桥。之后此桥成为以东海道、东山道为起点，承担了支撑公仪（指朝廷或幕府——译注）权力、幕府体制的重要职能。直到 17 世纪中期，在六条河原被处决的犯人首级就在三条大桥悬挂示众。其后，在处决犯人之后还采取在刑场处决的措施。另外，17 世纪，鸭川每两至三年遭受一次"大水""洪水"的袭击，为避免大水冲垮大桥，每次公仪都要下令动员人力防护。

另一方面，位于三条大桥南面的四条桥、五条桥于 12 世纪中叶兴建。其中，四条桥亦称为"祇园桥"，它通往位于鸭川东岸的祇园社（八坂神社）的参拜路，每当举行祇园御灵会时，它是神舆轿的必经之桥。于正安元年（1299）成画的

《一遍圣绘》描绘了在四条桥连接的西岸京内部分里有寺社门牌坊。

不过，朝尾氏的研究表明，整个中世纪，四条桥多次被冲垮，有时会出现没有架桥的情况。天正四年（1576）发生洪水时，织田信长曾下令建桥，之后又多次被冲垮。进入近世，仍然还是"临时桥"。安政四年（1857），由各町的祇园新地及祇园社族人出资建成正式的桥。

《一遍圣绘》里描绘的四条桥（卷七）
图片提供：东京国立博物馆

南面的五条桥曾经架在现在松原桥的位置。现在五条街的位置因丰臣秀吉兴建方广寺大佛殿而改在六条坊门小路的位置。因此，在这之前，一说到五条街是指前往清水寺的参拜路即现在的松原街。如在本书第三章《一条寻求救赎的希望之路：清水坂》中讲到的那样，大佛殿兴建以前的五条桥是被中岛（中洲）一分为二的两座桥。在中岛上有与鸭川的治水信仰有关的"法城寺"和"清明坟"。

后来，丰臣秀吉在通往方广寺参拜路的地方重新修建了五条

《洛中洛外图》中描绘的五条桥（方框里的部分）
图片提供：米泽市上杉博物馆

桥，成为通往大阪城、伏见城的便捷之路，可见此桥梁对政权运作的重要性。这座桥后来在整个近世发挥了"公仪桥"的功能，这一点与三条桥一样。现在京都国立博物馆围墙内的"西庭"展示了丰臣秀吉于天正十七年（1589）建桥时的五条桥的桥墩和石柱。此外，在位于五条大桥西端的五条儿童公园内，也有两处展示了天正十七年建桥时的石柱。

五条儿童公园内的五条桥的石柱

从五条桥再往南行，走到与方广寺、丰国神社的参拜路相连的正面桥和七条桥。从五条桥到七条桥之间的鸭川两岸，真正的城市开发始于江户时代的正德、享保年间（1711 ~ 1735）。朝尾氏指出，在此之前，多条大小河流的两岸原是一片宽广的旱田和水田。12 世纪以后，六条河原作为行刑之地散见于史料中。在西岸，形成了被称为"河原者"的被歧视之人的集中居住地，但江户时期的开发使西岸成为"新地"，东岸也逐渐形成多个町。

应永饥荒：河原"施饿鬼"

从三条大桥到旧五条桥一带的鸭川沿岸的"河原"在中世有居民存在。在鸭长明著名的《方丈记》中，相对于专指平安京左京区的"洛内"，有"河原""白河""西之京"等地名。根据对此区域有详细考察的北村优季氏的说法，近世以前的"河滩"的范围，应在南起三条大桥北至五条桥之间。至于东西范围，参照近世初期的绘图，应为从木屋町街以东（四条以北）或寺町街沿路排列的寺院起的东侧一带（四条以南）。其中，尤以四条以北的河滩的市街化发展较快。

不过，从四条桥多次被洪水冲垮的情况看，"河滩"的居住环境可能很恶劣，至少在中世时期，还没有发现"町"共同体那样的、人们定居下来的共同体组织的迹象。这说明此地不仅是容易直接遭受洪水灾害的地方，也是因为饥荒、瘟疫而遭受灾害的人群集中的场所。

清水克行氏指出，15世纪初叶的应永二十七年（1420）发生了全国性的大饥荒。这一年从春季到夏季降雨天数很少，到了秋季降雨天数则更为稀少。在这之前数年间气候不稳定也是促发饥荒的因素。第二年新年伊始，日本各地的难民纷纷涌进京都，在伏见宫贞成亲王的日记《看闻日记》里有如下记述："去年干旱饥馑期间，诸国贫人上洛，四处有乞丐，饿死者不知其数，卧于路头云云。"（2月18日）

据传，足利义持见此状况，命令各大名在五条河原修建临时房屋，发放食物进行救济。不过，有不少人将食物放入口中之际就立即倒地了，死亡人数可达"千万"规模。更为严重的是，饥荒后，瘟疫流行，出现了"万人死去"的惨状，因此，天龙寺和相国寺举行"施行"（《看闻日记》2月18日）。

应永二十九年，足利义持下令，在五条河原举行"施饿鬼"

（"施饿鬼会"之略，为落入饿鬼道而陷入饥饿的亡者，即"饿鬼"，发放饮料食物之意）活动，为死者做佛事。据《看闻日记》记载，在施饿鬼会之前，劝进僧人一边读经一边用尸骨制作六体的地藏菩萨，垒建石塔，为死者做佛事——河原"施饿鬼"。对此，义持下令进行的施饿鬼会是由"五山僧人"（天龙寺、相国寺、建仁寺、东福寺、万寿寺的僧人）实施的，但因为下大雨而推迟举行（《看闻日记》9月6日）。西尾和美氏指出，这一现象说明民众为死者所做的佛事被幕府及五山的权力机构采纳并礼仪化。

在应永饥荒中，"诸国贫人"涌进京都，说明该时期出现了日本列岛的财富集中于京都的情况，因此，在室町时代，城乡之间的差异已经比较明显。在此之前，养和元年至养和二年（1181～1182）发生饥荒时，《方丈记》里有"诸国之民，或弃地逃离"的记述，北村氏由此认为，"养和饥荒"时期也出现大量难民涌进京都的现象。《方丈记》里还有如下记述："夯土墙面，道之旁，饿死者之类，不知其数。因不知如何去除，充满草木香世界，腐烂之貌，不忍目睹。更不用说在河原等处，无车马行。"由此可见，养和饥荒与应永饥荒一样，在河滩上出现了许多尸体。

发生饥荒的河滩，尤其是五条河滩是灾民集中的场所，同时也是尸体大量堆积的场所以及为死者做佛事的地方。

宽正饥荒：大略町人等饿死

在应永饥荒之后，长禄三年至四年（1459 ~ 1460），天候不顺，洪水、干旱、淫雨、蝗虫等灾害相继发生，大饥荒再次袭击日本列岛。长禄四年十二月，改元"宽正"以谋求解开困局，然而，第二年京都的饿死者就达 82000 人，了解此情况的东福寺僧人云泉太极在他的日记《碧山日录》中有记述（二月晦日）。

云泉太极把前年三月在六条的路上看到的，一位母亲抱着死去的儿子失声痛哭的情景写入日记。这对母子因为饥荒从河内国逃往京都。如樱井英治氏所关注的那样，同一天，太极带领数以千计的随从遇见观看樱花的"贵公子"一行，看到他们醉醺醺呕吐的样子，他很生气地将此事写入日记。（《碧山日录》长禄四年三月十六日）。

有关宽正饥荒，在奈良幸福寺的大乘院门迹记录的《大乘院寺社杂事记》中也有详细记载。从长禄四年冬至宽正二年春期间，一日之内饿死者达 500 人或 600 ~ 700 人。足利义正将军命令劝进圣的愿阿弥在六角堂前向饥民施救，但饿死者仍不绝迹，于是就将死者埋在四条桥和五条桥下，一个坑埋入 1000 ~ 2000 人。这些作为传闻被记录了下来（宽正二年五月六日）。我们还得知，在这个时候，在四条桥和五条桥附近，堆积了许多尸体，不久也被安葬。

在六角堂前进行救济的愿阿弥是当时通过"劝进"（为劝人成为善根功德，向不特定的多数人募集捐款）活动，筹措资金兴建五条桥的替代桥、再兴南禅寺佛堂，扩大善名的化缘高僧。他在应仁、文明之乱（1467~1477）后，为重建清水寺，在各地开展劝进活动，筹集重建本堂的费用，以获取"成就院愿阿弥"之名。

在宽正饥荒时救济地方灾民的六角堂前，在愿阿弥的指示下设置"芨舍十数间"，以"粟粥"款待（《碧山日录》宽正二年二月二日、六日）。

六角堂之所以被选为行善之地的理由之一是它位于洛中的中心地，在应仁、文明之乱后，成为下京町自治的象征。六角堂相当于顶法寺的本堂，自古以来是有名的观音灵场，也是亲鸾百日参笼的场地。作为六角堂执行从事顶法寺供花的池坊专好，是最终完成供花仪式的人，他修筑华道池坊基础的事迹亦广为人知。这个池坊立花的样式明确出现在史料中是在饥荒不久后的宽正三年（1462）的《碧山日录》里，它表明"供花"是挣扎于饥荒和战乱的人们在祈祷活动中培育的插花文化。

宽正饥荒发生之际，与应对应永饥荒一样，幕府命令五山僧人在四条桥、五条桥上举行"施饿鬼会"。但根据大乘院门迹的记述，本次发生饥荒的原因不仅是各地大旱，在河内、纪州、越中、越前等地发生的兵乱（围绕守护畠山氏而发生的兵乱）也是重要的原因。此后京都陷入瘟疫蔓延、"公家、武家辈少少他界"的状况，天灾和人灾叠加在一起，灾情更加严重（《大乘院寺社杂事记》宽正二年五月六日）。

　　即使是在饥荒最严重的时期，祇园御灵会等祭祀活动也没有中断。祇园御灵会原本是作为抵抗瘟神的外来神——牛头天王驱赶瘟疫的祭祀活动，于瘟疫流行的 10 世纪末才定型下来，是京都民众自发形成的御灵会之一。15 世纪之后，町上已经出现了这样的动向：人们用一种狂言中的谣曲来驱赶在饥荒之后出现的瘟神。可以说，饥荒和瘟疫的发生是促使人们举行祭礼活动的重要原因。

　　发生宽正饥荒时，处在"大略町人等饿死"的状况下的北野社大舍人[1]和神人[2]向北野社申诉说，他们很难在北野祭展示山鉾彩车。但是，北野社及室町幕府下令务必准备好山鉾彩车，哪怕是

1　日本律令制时代归属大舍人寮，在皇宫从事警卫工作和其他杂务的下级官员。——译注
2　冲绳地区专事祭神的巫女的总称。——译注

形式上的。可见，与其说幕府迫切需要通过祭礼尽力控制饥荒和瘟疫，不如说是出于维护统治权力的考虑（北野天满宫《禅盛记录抄》）。

综上所述，从近世之前的四条桥、五条桥一带的鸭川沿岸洪水冲垮桥梁等情况看，这块土地经常成为受灾地区。另一方面，当饥荒和瘟疫遍及整个日本列岛时，这个地方就会成为各地受灾者蜂拥而至的集中地，以及死者的埋葬之所和做佛事之地。这种情况在丰臣政权以后，随着三条桥、五条桥的公仪桥化，以及"御土墙"的修建和始于江户时代宽文九年（1669）的新堤坝的筑成和新地开发而消失。

昭和十年的大洪灾

"御土墙"的修筑和宽文新堤的形成，尤其对五条以北的鸭川治水起到很大作用。不过，从那以后直至近代，三条桥、五条桥被冲垮，洪水向东岸泛滥并浸泡六条、七条新地等，洪水灾害依旧不断。在至今不到 100 年时间的 1935 年（昭和十年）6 月，发生了大洪灾。横田冬彦氏指出，此次洪灾导致近世鸭川治水模式的破产，由此成为治水对策现代化的"决定性转折点"。

鸭川大洪灾，1935 年
援引图书:《水祸与京都》

　　下面，我们参考横田氏的研究来观察其状况。据说，此次洪灾主要是由于梅雨期间的集中大雨、前年室户台风的"水源林损害"，从上游往下游奔流而激增的鸭川洪水几乎使整个市内的水位超过 3 米。不过，在三条桥、五条桥、七条桥等桥大多被冲垮或严重受损的情况下，京都于 1912 年（明治四十五年）兴建 4 座桥梁，首次采用钢筋混凝土结构修建，避免了桥梁被冲垮的命运。

　　除鸭川外，桂川、御室川、天神川等市内各条河流也发生了泛滥。全市四分之一的面积被洪水浸泡，全毁或半损毁的户数约达 600 户，浸水户数约 5 万，死伤人数约 160，受灾人数高达十几万。

这次大洪灾促使政府制定了鸭川及各条河流的大改造计划。根据这种形势，皇室相关的设施成了主要保护的对象。两年后，日中战争爆发，在战线不断扩大的情况下，虽然采取了应急措施，但大改造计划还是中止了。各桥的栏杆等钢材都成了战时上交的对象。直到 1947 年（昭和二十二年）才完成河川改造计划。1950年（昭和二十五年），满载天正十八年（1590）丰臣政权建桥时的紫萼[1] 的车辆通过了现在的三条大桥。至于战时修复的四条桥、五条桥，前者于 1965 年（昭和四十年）重新修建了栏杆，后者于1959 年（昭和三十四年）建了全新的大桥，直至今日仍在运行。

现在我们看到的鸭川风景是 1935 年大洪灾之后复兴计划和战后和平环境的产物。这里有平安京成立以来洪水与治水相较量的历史，也有挣扎于饥荒和瘟疫中的民众的历史。近年，大暴雨导致鸭川决堤、毁坏的危险仍在继续，我们应从灾害的历史中吸取教训。

1　百合科，属多年生草本植物。——译注

第九章

志士的街道：
高濑川与明治维新

运输大米和柴炭的高濑川，支撑着近世京都30多万人的生活。当高濑船停运，码头填埋成为社会上议论纷纷的话题；与此同时，支持保留的声音开始出现。

二条街
岛津创业纪念资料馆
京都市役所
一之码头
二之码头
御池街
地铁东西线
京都市役所前
三之码头
四之码头
三条街
三条小桥
三条
五之码头
寺町街
河原町街
瑞泉寺
木屋町街
六之码头
鸭川
七之码头
旧立诚小学校
八之码头
九之码头
四条街
祇园四条
高濑川
绫小路桥
仏光寺桥
高辻桥
京阪本线
松原街
万寿寺桥
0   100m

去二条木屋町的一之码头，从地铁东西线"京
都市政府前站"徒步5分钟。

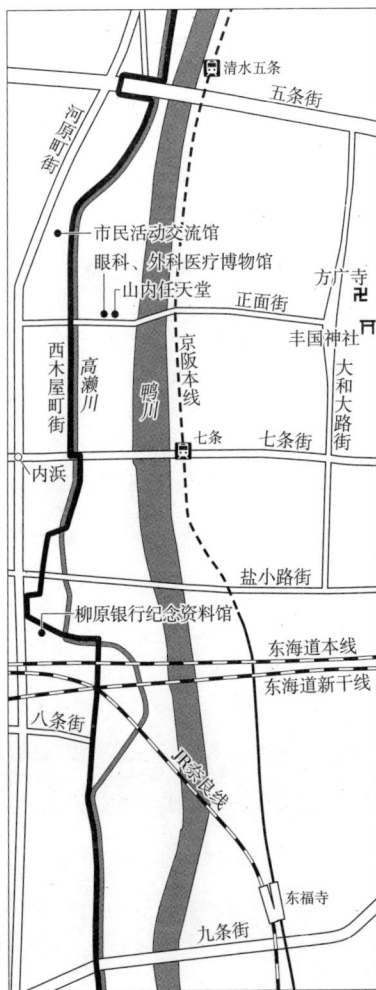

清水五条
五条街
河原町街
市民活动交流馆
眼科、外科医疗博物馆
方广寺
山内任天堂
正面街
丰国神社
京阪本线
鸭川
西木屋町街
高濑川
大和大路街
内浜
七条
七条街
盐小路街
柳原银行纪念资料馆
东海道本线
东海道新干线
八条街
JR奈良线
东福寺
九条街

高濑川的起点

乘地铁从东西线京都市政府前站出发，往东北方向走约5分钟的路程，在木屋町街北面的尽头，有木屋町二条的三岔路口。在木屋町二条的东北面，数年前是藤田酒店，现在是利兹卡尔顿酒店。另外，在东南面，有小酒馆 Ganko 高濑川二条苑。在这家小酒馆附近，近世有高濑川执掌的角仓家的别墅旧址。源自鸭川河流的 Misosogi 川[1]的水路，流经鸭川河岸地，至今仍流入苑内，穿过木屋町街来到西侧。这里就是高濑川的起点。

现在，从架在鸭川上的二条桥到二条城的路是车流量不多的狭窄的二条街。在江户时代，它相当于上京与下京的町界限，是二条城正对面的街。高濑川以二条街为起点，说明这条街的重要性。

在高濑川起点的北面，有岛津制作所创业纪念资料馆，令人想起这一带曾是京都文明开化的摇篮地。岛津制作所的创业者岛津源藏在这里开始理化学器械的制造，与这里毗邻高濑川、货物流通方便不无关系。

---

1 流经鸭川西岸的人工河，二条大桥上游左侧是 Misosogi 川，右侧是鸭川，中间有岸边步行道。——译注

高濑川的起点

为了让人们知道这里是高濑川的起点，在此摆设了高濑舟的
模型。高濑舟的西边设有码头，供曾经上溯高濑川的船只卸货使
用。高濑舟从这里向下游行驶，将运载的货物运送出去。高濑川
上，有京都市内好几处码头。与角仓别墅相邻的码头称为"一之
码头"，它是高濑川的起点。另外，面向被称为二条城正门大街的
二条街的一之码头也是京都市首屈一指的码头。在文明开化时期，
高濑川在物流方面仍然发挥着巨大的作用。

不过，琵琶湖水渠和铁路兴建起来后，高濑川的作用迅速下
降。1895 年（明治二十八年），内国劝业博览会在沿着琵琶湖水
渠开发的冈崎举办。行驶于冈崎与京都站（1877 年开设，为京都

铁路运输的中心）之间的京电（路面电车），使用的电力来自琵琶湖水渠的水力发电。所谓"京电"是经营京都市街路面电车的京都电气铁道公司。从京都站开往冈崎的京电，从五条街一带出发，沿着木屋町街北上，在二条街右拐弯，在二条大桥穿越鸭川。京电沿着高濑川奔驰的场景意味着高濑川船运的衰落。

樵木町与生洲町

根据近世初期的绘图（中井家旧藏《洛中绘图 宽永后万治前》），高濑川从二条街南面沿着土墙东侧一直南下，在四条街南侧再次与鸭川汇合。土墙与高濑川之间有角仓家的宅第、松平长门守（长州藩）和松平土佐守（土佐藩）的藩宅第。但高濑川与鸭川之间却没有像样的宅第的描绘，只是鸭川自然堤防的原生状态。土墙作为丰臣秀吉改造京都的一环，于天正十九年（1591）前后兴建，至今在京都北部仍留有它的痕迹。京都人亲切地称之为"御土墙"。

近世初期的高濑川大概是洪水来临之际流入鸭川的小河。因此，在绘图里没有描绘四条街以南的高濑川，甚至不具有作为独立河流的形态。高濑川再次从鸭川分离出来是在东九条村以南的地方，从这里开始在乡村一带曲折穿流，缓慢地到达伏见而汇入宇治川。

尽管如此，高濑川与鸭川之间逐渐兴建了住宅和仓库。最初入住的很可能是在高濑川上经营木材和木炭生意的商人，所以人们给它取名"樵木町"。后来，随着以船夫、进入京都的人为服务对象的旅馆和出租屋的增加，管理位于鸭川取水口的角仓家别墅的生洲町、角仓町、上樵木町也相继出现。

顺便说一下生洲町的语源，据说是因为这里有做从高濑川引

《生洲图》
源自《都名所图会》
图片提供：京都市历史资料馆

水养鱼生意的餐馆和旅馆。到了近世后期，用高濑川鱼做的料理成为名菜，慕名鳗鱼和鲤鱼料理的食客络绎不绝。

一之码头的填埋争议

如果将在七条街的内河岸包括在内，在京都市内，设在高濑川上的码头最多的时候有 10 所。但是，随着船运的衰落，就不再需要码头，码头逐渐被填埋。最后，唯一剩下的一之码头于 1917 年（大正六年）引发了是否填埋的争议。

虽然高濑川、一之码头在明治维新后是作为国有土地由京都府管理的，但 1917 年，高濑川同业行会和京都市向京都府申请无偿下放。高濑川同业行会认为，为京都市解决水质污染和臭气等卫生问题，而提出处理因船运衰落而产生的负债问题，因此他们在接受下放后已对一之码头的填埋问题进行了考虑。但是，此时，京都府没有接受任何申请。

然而，到了第二年，1918 年（大正七年），一之码头无偿下放京都市的计划再次被提出来。因为同年 4 月，京都市将邻近的町村编入市区，以建立包含郊外在内的"大京都"，通过于 20 世纪10年代开业的京都市经营的电气轨道（京都市电）公司整合民间的京电企业，实施市内市外电网整备和与此相适应的道路扩建计划。木屋町街的京电也被京都市电统合，木屋町街的扩建和改造成为社会关注的问题。

另一方面，从1918年开始，东京市区修正条例也适用于横滨、名古屋、大阪、神户和京都，如果以市区改造（城市计划）为目的，那么，将河流沿岸的国有土地（《官有河岸地》）无偿下放给京都市是有可能的。京都府接受申请，计划扩建木屋町街，把它作为贯通南北的主干道。木屋町街的扩建，意味着同意填埋高濑川，由此将失去船运，码头被废弃。这一切最终导致码头的填埋问题。

1919年（大正八年）12月，围绕着城市规划的讨论正式展开，作为南北的主干道，木屋町街扩建方案与河原町街的扩建方案针锋相对。因扩建而被迫撤离的人和因车流量增加而期待地价上涨的人与两街道沿街的居民的立场差异，出现了赞同和反对两种截然不同的声音。例如，希望保留高濑川的人和希望河原町街扩建的人因利害关系而取得一致意见。

保护高濑川

在城市规划一片热议声中，持续了 400 年以上的高濑川船运悄悄地落下帷幕。由此而感到危机的高濑川沿岸的旅客和运输业者于 1920 年（大正九年）组成了高濑川保留同盟会，并积极开展活动。

另一方面，旅馆业者中也有因填埋高濑川、扩建道路而获利的人。毫无疑问，彻底取消船运，高濑川船运和码头作废，从公共卫生的角度看也会出现问题。另外，如果河原町街扩建，不得不撤离的河原町一带的租户也会支持木屋町街的扩建。

在木屋町街路面行走的轨道电车
图片提供：京都讲述会

一方面，高濑川保留同盟会发展为城市规划反对同志会；而另一方面，京都市对室町街方案进行审议，结果这一方案也被否定。木屋町街和河原町街方案被搁置。

从这个时候开始，之所以出现木屋町街扩建的反对派，是因为人们认识到了高濑川的历史价值和文化景观价值。高濑川的填埋违反了于1919年颁布的《历史旧址名胜自然景观保护法》。这些主张是否发挥了作用呢？ 1921年6月，城市规划委员会通过了河原町街的扩建方案。由于木屋町街没有扩建，高濑川被保留了下来。而且，虽然高濑川没有被指定为历史遗迹，但在1934年（昭和九年），高濑川的一之码头被指定为历史遗迹，直至今日。

"天诛"暗杀活动的舞台：木屋町街

宽文九年（1669）鸭川新堤坝建成后，鸭川和高濑川之间的土地遭受水灾的危险性降低了，出现了许多商家和民宅。于是，在这之前以三条街为中心的樵木町从二条街向南伸展。薪炭批发商面对高濑川兴建了存放货物的仓库，在东侧的鸭川沿岸通货车的两旁兴建商店。宝历年间（1751~1764）将这条街道称为木屋町街。就是说，从高濑川到鸭川之间，为方便牵引船只沿河而上的船夫的行走道、存放薪炭木材仓库的河岸、人们行走的木屋町街、薪炭批发商和经营木材的商家相继出现。

另外，在江户幕末，长州藩、土佐藩、加贺藩、对马藩和彦根藩等藩相继在高濑川的西侧兴建了藩邸。这是因为这一带靠近京都市街中心地带，利用船运运送货物比较方便的缘故。木屋町街成为不同政治立场的人们汇集的场所，以及被称为"天诛"暗杀活动的活跃舞台。据说，文久二年（1862）岛田左近在木屋町二条被暗杀是"天诛"的开端。岛田被杀是因为他侍奉朝廷的关白九条尚忠，负责与幕府大老[1]井伊直弼的联络工作，与安政大狱[2]有很深的关系。

在从一之码头到御池街大约100米的地方，有旧长州藩邸，它在幕末政治中发挥了非常重要的作用。在这一带有二之码头，也许是因为这里被编入藩邸内的缘故，没有留下痕迹。藩邸内有码头存在意味着，如果里边有引路人，连浪人都可以从高濑川直接出入藩邸。

---

1 江户幕府的官职之一，辅佐将军施政的最高官职，非常设，必要时在"老中"之上设置一名。——译注
2 1858 年，大老井伊直弼镇压尊皇攘夷运动的事件。井伊直弼未得到天皇的许可就签订了《日美修好通商条约》，并立家茂为将军，遭到各地诸侯、公卿和志士的强烈反对，井伊将这些人投入监狱并处以刑罚。——译注

在高瀬川河畔，有佐久间象山和大村益次郎的遇难纪念碑。佐久间象山和大村益次郎遇害分别在元治元年（1864）和明治二年（1869）。他们都是知名的开明派，被攘夷派志士刺杀。据说，平野国臣是知名的尊皇攘夷派志士，与长州藩武士关系亲密，他潜居的地方也在这一带。

四之码头：池田屋事件的发生地

从御池街往南走，将看到加贺藩邸旧址。加贺藩邸的下方有三之码头。三之码头的南面有对马藩邸，它的南面是四之码头。

据石田孝喜氏的研究，四之码头是高瀬川上最初出现的码头。庆长十七年（1612），角仓了以在此兴建码头，在它的北侧经营生洲。为阻拦来自鸭川的分流水，北面的河床变宽了，但由于有了上述鸭川新堤坝的整备，由此以北的流路再次得到整备，已经稳定。

码头有进行木材、薪炭起货和卸货的河岸，商家在这里修建了不少仓库。架在高瀬川上的惠比须桥，是为了通往四之码头而兴建的，因此也被称为"仓库桥"。据传在惠比须桥的东面，有佐久间象山、浮田一蕙、武市瑞山、吉村寅太郎等人的寓所，因此有许多显示其寓所的石碑。从惠比须桥下来走 20 米就到达三条小桥。这里是东海道的西面起点，是江户时代京都的主要大街。对来自全国上京的志士们来说，三条小桥是标记之一。在三条小桥东面尽头显眼的地方，立有佐久间象山、大村益次郎遇难的纪念碑，如前所述，这里正是佐久间象山遭受袭击的地方。

三条街的北侧，三条小桥以西数间房屋的地方有池田屋。元治元年六月五日池田屋的户主惣兵卫与长州藩等尊皇攘夷派志士实现了会合。在这里，新撰组[1]发动了著名的池田屋事件，宫部鼎藏、北添佶摩、大高又次郎等多名志士身亡。

木材商云集的五之码头

穿过三条町街，在木屋町街的东侧有瑞泉寺。据传，瑞泉寺是角仓一族为了悼念丰臣秀次的菩提而兴建的。这是因为此地是丰臣秀次的妻子等数十人被处刑的三条河原。瑞泉寺的前方有五之码头。

1　江户末期，幕府为加强京都警备而组织的编外军队——浪人队，从属于京都守护职会津藩主松平容保，镇压尊皇攘夷派。——译注

这一带木材商很多，五之码头的河岸有许多木材商的起卸货场地。坂本龙马[1]在这里停留过，被称为"海援队驻地"的木材商醋屋嘉兵卫也在这里。直至 20 世纪 20 年代，五之码头的旧址才从演出场地变成松竹创业者之一的白井松次郎的宅第。从材木桥往东远眺能看到先斗町歌舞练场。它是 1927 年（昭和二年）兴建的西式建筑物，以每年 5 月举办鸭川舞会而知名。先斗町位于歌舞练场和四条街之间，约有 500 米的石板地，是京都有代表性的花柳街之一。

五之码头的南面有彦根藩邸，它的南面是六之码头。再往南 30 米就是土佐藩邸。从架在高濑川上的蛸药师桥走进小巷，有一家正在土佐藩藩邸旧址上重建的神社——土佐稻荷神社。据说这一带曾经是七之码头，但很早就已消失。

已经关闭的立诚小学校舍在蛸药师桥南面。战前，京都就对小学教育投入很大，其中，于 1927 年（昭和二年）兴建的西式校舍仍保存下来的小学有不少。气势壮观的校舍让人追忆起当年此地区教育的状况。校舍前面是小广场，有角仓了以表彰碑。

1　1835~1867，幕末王政复古中重要的志士之一，居中斡旋两大对立的萨摩藩和长州藩组成联盟，对尊王攘夷转向尊王倒幕起到了很大作用。——译注

八之码头在旧立诚小学校园的南侧。1889 年（明治二十二年）京都电灯公司在此处建发电厂也是出于高濑川运输煤炭方便的考虑。现在，位于此处的关西电力公司的变电所就是这个发电厂的遗留。

和泉屋町与美浓屋町

沿着高濑川步行至木屋町街，河畔随处可见柳树、长椅和石标。不过，在船只运输大米薪炭、木材往返于高濑川的时候，有长椅、石标的地方是保管木材装卸物、薪炭的仓库。人们将存放装卸物的地方和有仓库的地方称为"滨"。

另外，船只上行到二条时，仅靠船头的力量是无法行驶的，因此在河岸边有背扛绳索拽拉船只的搬运工。人们将河岸边搬运工的通道称为"拔河道"。作为河流不可或缺的设施，在高濑川与木屋町街之间修建了拔河道和滨。高濑川到四条小桥之间曾经有拔河道和滨的地方，现在是人行道，不论白天还是夜晚，都有许多人在这里散步。

从四条小桥往南行，高濑川河岸盛开着人工栽培的杜鹃花。

因为没有人行道，散步的行人少了，维新史旧址也看不到了。从四条小桥下行 200 米左右，在东面能看见架在鸭川上的团栗桥。这说明高濑川与鸭川非常靠近。直到宽文（1661～1673）新堤建成之前，从这一带开始，以南是鸭川河岸的一部分，定居的人并不多。不过，新堤建成后，被开发的鸭川和土墙之间的土地成为居住地。

宽文新堤建成后，承包佛光寺街道以南地区开发的是和泉屋休卜和美浓屋源右卫门。据说，市之町、天王町、天满町、和泉屋町、清水町、美浓屋町、难波町、材木町、富永町等高濑新宅地九町（后加下材木町，成了十町组），就是曾经的佛光寺街道以南地区。和泉屋町和美浓屋町的町名是它留下的历史印记。

不过，相当于鸭河原的土地在当时是如何开发的呢？对此，土本俊和氏有详细的研究，下面以此为参考作简单的介绍。

宽文新堤建造之前的鸭河原并没有人定居，也不是河水时常漫至的地方。因此，它是附近的居民绝好的农田。后来，这一带成为美浓屋町的周边，人们来到这里开发河原、耕作。宽文新堤建成时，在寺町街植松的植松町的人们主张土地的既得权。平安时代，崇亲院所在的植松町周边，直到新堤建成之前，是在下京的町尽头处，他们一直居住在崇亲院土墙的两边并与河原连接。这也许是植松町的人根据他们已经在河原耕作的事实来主张他们的既得权。

在这里，美浓屋源右卫门等人在开发新宅地时，要求植松町的居民们出资开发，植松町的居民根据他们出资开发新宅地而获得卖掉开发地所获利润的分配权。从美浓屋源右卫门等人的角度看，是因为双方有承认植松町的既得权和植松町也可获得利润分配的约定后，才着手农地的开发。

公仪桥与町桥

为了管理开发的新宅地，人们兴建了好几座横跨这一地区的桥梁。这一地区能行船与町的形成不无关系。居民的增加使得为生活和商业活动服务的城市设施也随之出现。不过，这些设施时常会出现损坏，不可避免地产生维护和管理的费用问题。因此，据传在分开出售宅地时，开发者与新居民之间签订了某些契约。

根据天和三年（1683）各町负责传统活动的长老向町奉行提交的文件，居住在高濑川两侧的石头墙的居民负有维修的义务。

关于其他石头墙，不同的地方由不同的开发人负责维护。而且，架在高瀬川上的桥由桥两侧的町各自承担一处的修复义务。大体上是，市之町与天王町承担绫小路桥，天满町和和泉屋町承担佛光寺，清水町和美浓屋町负责高辻桥，难波町和材木町承担万寿寺桥。

横跨高瀬川的三条街和五条街，因为相当于从京都进入主干道的入口，三条小桥和五条小桥的维护管理属町奉行管辖。架在鸭川上的三条大桥、五条大桥的管理由幕府负责。这就是所谓的"公仪桥"。这条作为从御池街、三条街附近通往木屋町的进出口而建造的桥由各藩管理。

这样看来，高瀬川上的各条大桥大多是为附近居民提供方便而建造的。因此，为了让这些桥不给高瀬船运造成麻烦，桥就得架在离地面更高的地方，行人爬阶梯过河。在结构上，会给货车等交通工具的通行造成麻烦。由两岸的町负责维护和管理这些桥，这是所谓的"町桥"。

到底谁能支配高瀬川

从美浓屋町到松原街的南面是难波町。在丰臣秀吉兴建五条大桥之前，松原街一带有平安京时修建的五条大路。因此，如果有关牛若丸和弁庆相会的传闻是真实的，那么相会的地点应该在这一带。不过，弁庆和牛若丸的人像在木屋町街往南 400 米，转移后的五条大桥西面尽头处。五条街历经 400 年后，松原街（旧五条大路）的情况已经很难得知。

如前所述，五条街的大桥是幕府兴建的公仪桥。从伏见到五条街这一段的高濑川也被丰臣秀吉下令消减了。据说，这条大桥是为了方便运送建造方广寺大佛殿所需的木材而建的。这样一来，五条街以北的存在就变得没有必要了。角仓了以按这条指令将其消减到五条街一带，而且他还自己做主将高濑川消减到二条街一带。也就是说，从五条街到二条街是角仓家自行消减的。上面是明治维新以后角仓家提供的辩解，角仓家根据这种情况提出五条街以北的高濑川为自己地产的主张。

角仓家之所以提出以上主张是因为 1899 年（明治三十二年）《国有土地森林原野下放法》公布，人们可以就政府在明治维新后不久进行的区分官有地和民有地的问题提出疑议。角仓家在明治维新后丧失了原来由幕府承认的高濑川的支配权和宅地而陷入困境。而另一方面，木屋町街开通路面电车后，高濑川沿岸的地价迅速上涨。

角仓家主张五条以北的高濑川、袯河道、滨属于自家家产，要求政府返还。1905 年（明治三十八年）内务省承认了其一部分主张，即虽然没有认可返还高濑川的要求，但归还了用于建仓库的河岸土地。可以推测，这个时候，尽管加上了仓库的使用者等应考虑取得既得权的经营者的附带条件，但后来，角仓家卖掉了政府返还的土地，重新打造新的家族经营方针。

六条河原与七条新地

五条街由于在第二次世界大战中为防备空袭采取的建筑物疏散政策而拓宽。现在沿着木屋町街横穿五条街非常危险，因此，我们沿着河原町街下行，然后再回到木屋町街。

从五条木屋町的东南面到鸭川一带，在"平治之乱"[1]中是战场。1600 年，石田三成[2]被处刑的地方就是六条河原。之后，到了近世，六条河原成为被歧视人群的集中居住地（六条村），他们是做倒地死去的牛马的皮毛生意。但到了宝永四年（1707）被强制搬迁至七条街的南面（大佛柳原庄）。此后六条河原由町人

---

1 1159 年由藤原信赖和源义朝发起的内乱，因遭平清盛的反击而溃败。——译注

2 日本中世末期的武将，丰臣秀吉的五奉行之一，在决定丰臣氏与德川氏争夺天下的关原之战中，他是西军的主将。——译注

开发成为町场。町场的开发从南面数起，有七条新街、六条新地和五条桥下。这些地方大多以经营茶为主，从近世后期到战后期间，一部分变成了花柳巷。人们将整个町场变成七条新地。战后，日本实施《卖春防止法》，北部成了名为五条乐园的欢乐街。如果让大家了解这些町的发展过程，应从木屋町的正面往东走50米左右，这里能看到令人引以为豪的山内任天堂公司旧址的气派建筑。该公司是从明治时期制造花纸牌[1]开始起步的。在任天堂的西邻，还保留着从近世开始就在这块土地负责医疗工作的奥泽宅第。奥泽家设立了眼科、外科医疗博物馆，接受有事先预约的参观。

崇仁学区："全罗曼斯"事件

我们再次返回木屋町街穿过七条街，高濑川在平缓的河床上向南弯曲流淌。在近世，这一带是京都市街的南面边界，在其南面有六条村，该村是18世纪初从六条河原迁徙过来的。其后，在六条村南面，有钱座旧址村；东面有大西组，人口持续增长。从幕末到1900年（明治三十三年），该地区是皮革业的一大集散地，此外，还有一家银行——柳原银行。另一方面，由于京都火车站的

1　一种将不同的花牌相互搭配起来玩的日本纸牌。——译注

建成和城市现代化的推进，这一地区有许多季节性工人和贫困者涌入，"不良住宅"急速增加。

早在 1918 年（大正七年），人们希望被编入京都市的梦想就已实现。柳原小学改称崇仁小学后，这一地区也被称为崇仁学区。崇仁学区的生活问题因 1951 年（昭和二十六年）发生的"全罗曼斯"事件 [1] 而引起全国广泛注目，开始了大规模的住宅改造计划。以后，学区内也兴建了许多高层的改良住宅。原先，高濑川在学区中间向西大拐弯，现在已经缩短了河水流路，生活环境得到了较大的改善。

1997 年（平成九年）柳原银行搬迁，旧址被保存下来，成为介绍被歧视部落的历史和町建设运动的纪念资料馆。近年来，这里成为联合国教科文组织世界遗产申报项目的中心，推动崇仁小学所传承的《水平社宣言》的遗产申报工作等。

如上所述，明治维新以后，这里发生了急速变化。在不远的将来，将大学入驻这里的构想如果实现，可以预想这里还会发生更大的变化。

---

1 1951 年，因大众杂志《全罗曼斯》发表题为"特殊部落"的小说而引发的事件。——译注

柳原银行纪念资料馆
图片提供：柳原银行纪念资料馆

　　高濑川继续往南流淌，它横穿在日朝鲜人的集中居住地与鸭川汇合。这里曾是电影《无敌青春》的拍摄舞台。在与鸭川汇合的高濑川河岸一带，有许多在日朝鲜人修建的简陋的临时棚屋，以废品回收等工作维持家计。不过，到了20世纪90年代，他们相继住进了公营住宅，临时棚屋由此销声匿迹。高濑川与鸭川的合流点水量大增，水位很深，被称为"釜渊"，这里曾是高濑船只的避难所。高濑川从合流点往南流淌，成为独立的河流奔向伏见。

第十章

漫步"学都"

在近世，京都御苑周边是朝廷公家、宫府宅第集中的地方。迁都东京后，这里成为同志社大学等学校的校区。鸭东成为京都帝国大学等大学汇聚的文教区域。

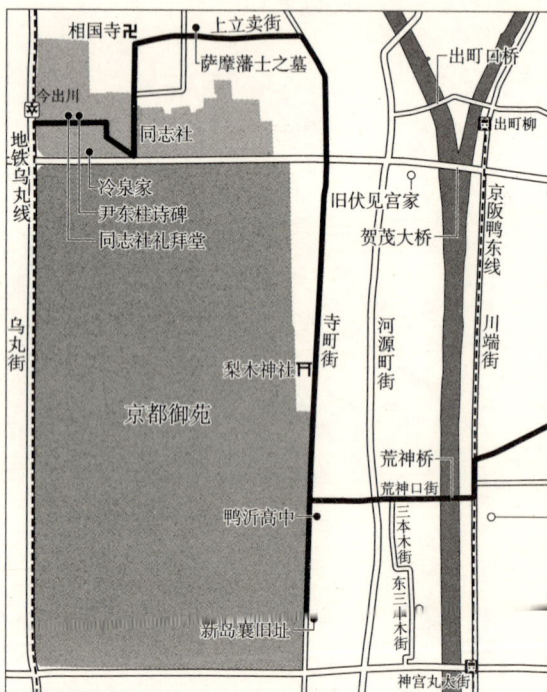

相国寺卍　　● 上立卖街
　　　　　萨摩藩士之墓　　　　　　　┌ 出町团桥
　　　　　　　　　　　　　　　　　┌ 出町柳
今出川
地铁乌丸线　同志社

　　冷泉家　　　　　　　旧伏见宫家
　　尹东柱诗碑　　　　　贺茂大桥
　　同志社礼拜堂

乌丸街　　　　　　　　　　寺町街　河源町街　川端街　京阪鸭东线

梨木神社

京都御苑
　　　　　　　　　　荒神桥
　　　　　　　　　　荒神口街
鸭沂高中　　　　　　三本木街
　　　　　　　　　　东三木街
新岛襄旧址
　　　　　　　　　　神宫丸太街

前往同志社大学，从地铁乌丸线“今出川站”徒步 3 分钟。前往荒神桥，从京阪鸭东线“神宫丸太町站”徒步。

旧东方文化学院京都研究所
（京都大学人文科学研究所分馆）

东大路街

后二条天皇陵

白川水渠

清风庄

今出川街

进进堂

北白川石佛

旧京都高等·
工艺学校

京都大学本部校园

关西日佛会馆

吉田神社

志贺越道

旧第三高等学校
（京都大学吉田南校园内）

志贺越路标

近卫街

旧京都纺织株式会社
（京都大学东南亚研究所图书室）

旧清辉楼

丸太町街

0   200m

国际交流传统与民主主义

　　"学都"的说法大多带有该城市骄傲的姿态，是城市的自我宣扬。经历了民族主义高涨的日清、日俄战争，进入 20 世纪，宣传热爱乡土和追求地方利益很容易成为各地城市自我推销的手段。值得一提的是，在京都的上京区和左京区，有许多国立、公立、私立大学以及佛教系统的宗派大学。因此，在 20 世纪，京都标榜自己为"学都"。

　　进入明治时代以后的京都，与中央政府直辖下的东京明显不同的是，在学术上获得了自由和独立的发展。这里有基督教的独立性传统，有同志社大学的存在，京都帝国大学暴发了泷川事件，文坛有影响巨大的河上肇，在东洋学领域与中国的密切交流，小笠原登反对麻风病的强制隔离的实践，从战争体验的反省中产生的日本史研究会，日本进步的自然科学家、社会科学家、人文学者左派系的学会积极推动学术活动，此外还有活跃的关西日佛会馆以及介绍法国和西班牙的人民战线的《世界文化》国际交流会——这些都是发生在近代京都具有影响力的事件。

　　宫泽弘幸是在萨哈林等地旅行的自由主义者，性格豪爽。在北海道帝国大学的宫泽·莱恩事件中，他被毫无事实根据地怀疑为间谍，并以治安维持法被逮捕入狱，直至病亡。他与正在对二风谷的阿依努民族进行调查的人类学者福斯科·马拉依倪相识。福斯科·马拉依倪是 1940 年（昭和十五年）京都帝国大学文学部意大利语言文学讲座的第一位讲师。这是在日意协会成立那一年的事情。意大利的研究也发现，京都尽管受法西斯主义的影响，但仍能坚守自由主义，保持文化交流的自主性。因为意大利投降，马拉依倪于 1943 年（昭和十八年）10 月，以"敌对国人"之名被关进名古屋的收容所，在收容所中，他切断小指表示抗议并要求改善待遇。

此外，于 1949 年（昭和二十四年）成立的京都大学人文科学研究所以"有关世界文化的人文科学的综合研究"为目的，统合了战前的西洋文化研究所、东方文化研究所、旧人文科学研究所。在法兰西文学家桑原武夫的领导下，起用哈佛大学出身、有犀利的文明批判精神的哲学家鹤见俊辅，出现了一大批具有战后跨学科研究视角和批判精神的人才，如主导战后历史研究的学者井上清、林屋辰三郎、飞鸟井雅道等。从以上事例可知，战后的京都传承了战前的国际交流传统。

京都民主战线的产生得益于战前的国际交流传统和人民战线的经验。京都民主战线还选举产生了由战败后不久形成的工会、共产党、社会党推举的，具有革新精神的京都市长高山义三和京都府知事蜷川虎三。再举一例，1946 年（昭和二十一年）创立的非官方的日本史研究会，极力呼吁废除"源于战争时期的各种国民义务"和"极端的国家主义统制"的桎梏，一直到 1967～1968 年发生的禁止原子弹、氢弹运动和部落解放运动的分裂为止。正如该研究会所指出的那样，京都从惨痛的战争教训的角度关注民主主义，崇尚学术独立于政治，产生了一大批活跃于各学术领域的人才。

京都是如何成为"学都"的

现在我们漫步具有国际性和民主主义传统的学都京都。在江户时代，这里是与朝廷、公家有密切关系的场所，相关痕迹随处可见。从地铁今出川站出来，进入同志社大学的正门，在图书馆旁边的西侧有"启真馆旧址"的匾额，以及旧华族会馆分局唐破风的停车廊旧址。这些是从御苑西南角闲院宫宅第的古材料移建过来的。1877 年（明治十年），分局移至德大寺实则宅第旧址所在地——玄武町（《华族会馆志》霞会馆）。江户时代的德大寺家的大门现作为研究生院大门保留下来，位于同志社大学图书馆的南侧。

京都御苑的北侧有同志社大学、府立医科大学、元立命馆大学广小路校舍等。从这里开始顺时针走到丸太町的周边区域，这一带展示了从明治维新到明治时期的巨大变化。在幕末，同志社大学是萨摩藩宅地，同志社女子大学是二条家宅地。面对今出川街，有京都迁都后留在京都的冷泉家、藤谷家、山科家、德大寺家。它的对面是今出川御门内的摄家近卫家。

元立命馆大学广小路校舍附近是上御灵神社的御旅社——中御灵神社、遣迎院、日光宫里坊的旧址。从出町南下伏见宫、梶井宫宅地和贺茂川沿岸，走到府立医科大学。这里曾经有日光宫里坊、二条家、正亲町家的三家宅地。迁都东京后，久迩宫宅地在荒神桥的西北方向。从今出川街的北侧到相国寺，再到寺町街东侧的贺茂川，是公家、宫、社寺等公家社会的延伸空间。在这里有维新后兴建的同志社学校、疗病院、医学院、京都法政学校（后为立命馆大学）。丸太町桥西面尽头南侧有高中女校、舍密局等学校和公共机构。到了近代，由于明治维新与迁都东京，旧藩宅第、公家、宫宅地等宽大宅地大多成为公共空间。

1875 年（明治八年），新岛襄与山本联名在寺町街丸太町上松荫町开设同志社英学校，第二年搬迁至现在的萨摩藩宅第旧址。龙谷大学和同志社大学今出川校园里，教学主楼和大宫学舍均采用西式风格，两所学校还保存许多重要文化遗产的建筑物。比如，彰荣馆（1884）是传教士 D.C. 格林设计的采用美式砌墙法的京都

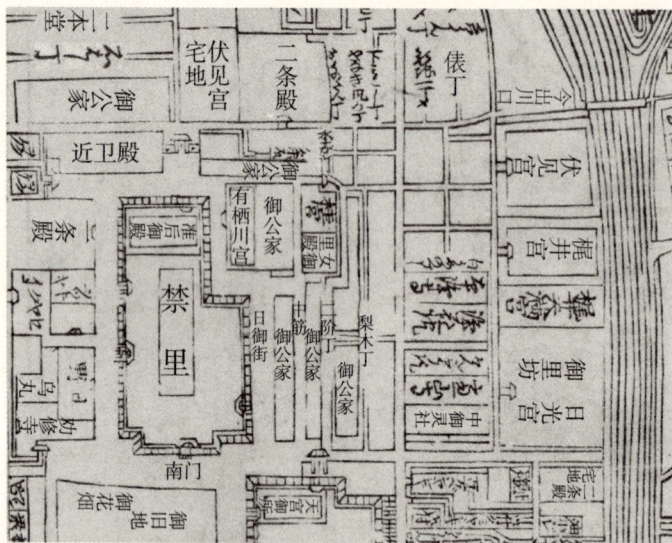

幕末御所周边地图
援引图书:《新板京都大绘图》，文久三年，伏见八大屋弥吉版，京都大学人文科学研究所藏

最古老的瓦建筑物，礼拜堂（1886）的正面是圆形的蔷薇窗、左右两边是漂亮彩画玻璃的弓形窗。此外，还有哈里斯理化学馆（1890）、克拉克纪念馆（1894）和最初被称为"书籍馆"的有终馆等建筑物。这些建筑物让人回想起许多明治维新初期基督教的教学情景，同时它们也营造了御苑的绿荫与校园的楠树相映衬的清新景观。为仰望小礼拜堂，建立了尹东柱"序章"的诗碑。尹东柱因被怀疑与独立运动有关而被囚禁，并死于监狱中。在图书馆前，有从蛸药师町发掘出来的南蛮寺的基石。

同志社大学是培养传道士和以基督教教学为基础的综合大学，新岛襄在美国传教士 J.D. 戴维斯的协助下，开办同志社英学校。新岛襄从原会津藩藩士京都府顾问山本觉马那里购入近 6000 坪的今出川校址。1876 年（明治九年），他将熊本沿海约 30 名学生招进同志社，呈现出一派活跃的气氛，并于第二年开设女子学校，与京都府立的女红场一起成为日本女子教育的先驱。

19 世纪 90 年代同志社试图摆脱与只谋求培养传教士的美国传教士的关系。另外，在内地有外国人杂居的地方，宗教与教育分离也成为问题。因此同志社面临着如何应对文部省发布的禁止基督教教育的第十二号训令（1899 年）的难题。根据 1903 年（明治三十六年）的专门学校而成立的同志社，于 1918 年取得了建立大学的资格制度保障。

位于同志社大学南侧的冷泉家继承了藤原定家的源流，是以"歌道"[1]为职业的家族，单独守卫着公家宅地的景观直至今日。在御文库里保存着出自藤原定家之手的《明月记》和《藤原定家自笔申文草案》等多部史料和典籍。歌会始和乞巧奠（七夕节）等宫中年中节日活动仍传承至今。迁都东京时的户主是冷泉为理，

---

1 "歌"指和歌，日本古格式诗，分短歌和长歌。"道"指作诗的方法和技术。——译注

其后这一家也留在京都。

穿过同志社大学的校园往东走，进入相国寺的参拜路。进入相国寺南门，在参拜路东侧，面向北面有用石组制作而成的皇宫御用水的沟渠。皇宫御用水在贺茂川现在的北山桥一带取水，从上御灵神社的西侧往南流淌，通过相国寺辖地，再经过相国寺参拜路，从今出川御门流过御所和公家宅地的庭院，再从清和院御门一直流淌到荒神桥的南侧。

琵琶湖水渠竣工后，1912 年，贯穿鸭川下面的铁管水道完工后，皇宫御用水就完成了它的使命。在近世，流经上贺茂神社（贺茂别雷神社）界内的水不久就成了皇宫御用水，因为流入御所的水是神圣的水，上贺茂神社主张它的上游不能受污染，因此贴出了公告，禁止在公家町内的用水里捕鱼。

相国寺是足利义满一手创建的临济宗寺院，桃山时代的本堂（重要文化遗产）天花板上有传狩野光信的鸣笼，跟伊藤若冲关系密切。走出相国寺的东门，就看到禁门之变和鸟羽伏见之战 [1] 的萨

1　明治维新内战戊辰战争的首战。1868 年 1 月，幕府军和萨摩长州联军之间在京都南郊的鸟羽、伏见交战，幕府军溃败，将军德川庆喜退至江户。——译注

摩藩 72 名战死者的墓地。明治初年开始，戊辰战争官军的墓地得到优厚的待遇。但是，在鸟羽伏见之战以后，会津和幕府方的战死者成为"贼军"。尽管直到大正时期，该地区的民众在黑谷的会津藩墓地和从鸟羽伏见到淀之间的贼军墓地进行慰灵活动，但大多不敢大张旗鼓地进行。

从相国寺的东门沿着寺町街往南走一直到今出川，从今出川街眺望东山。在从河原町街到贺茂川之间的伏见宫屋宅地附近，今出川街之所以成为经过贺茂大桥一直到"百万遍"（知恩院的别称——译注）的东今出川街，是因为1931年（昭和六年）市电延长的结果。因此，在这之前，从市内前往京都帝国大学方向，必须过出町口桥。另外，随着今出川街向东延伸，占用了清风庄（田中关田町）南侧的宅地。清风庄成为近世德大寺家的别墅是在1907年（明治四十年），当春翠作为养子入主后，它成为其亲兄长西园寺公望在京都的别墅（《从史料看清风庄的建筑》）。

在寺町今出川的交叉路口看着大原口的路标往南走，就会相继看到与寺町街相连的本禅寺、清净华院、庐山寺。在西面的御苑侧有梨木神社。梨木神社是供奉三条实万和三条实美父子的神社，创建于1885年（明治十八年），是明治维新后表彰历史上的功臣政策的一环。创建神社是以因迁都东京，天皇不在此居住的京都御所（御苑）为中心，为祭拜平安京以来的功臣和天皇而创造出追忆古都历史和慰问亡灵的空间。此外，建勋神社（1880 年建于现址，以织田信长为祭神）、护王神社（1886 年建于现址，以和气麻吕为祭神）、白峰神宫（1868 年建于现址，以崇德上皇为祭神）、平安神宫（1895 年创建，以桓武天皇为祭神）等，都是以京都御所为主题的建筑物。

从梨木神社走进广小路，会看到 1981 年（昭和五十六年）在原先法学部的立命馆大学广小路校舍旧址上建立的京都府立医科大学图书馆。府立医科大学的前身是明治五年明石博高等人筹集资金设立的木屋町临时疗病院，后改为青莲院的栗田口临时疗病院，1880 年（明治三年）成为在现在场所的广小路疗病院。1875 年（明治八年）4 月，上京区第十二组的居民在梶井町原日光宫里坊、二条、正亲町的三旧址，堆沙祝贺广小路疗病院动工。在它的北侧有由武田五一设计的原山口玄洞宅第，现在是圣多明我会下属的圣托马斯学院——京都修道院。

理论物理学家汤川秀树是京都帝国大学地理学家小川琢治的三儿子。汤川秀树曾回顾说，他在 1913 年（大正二年）就读于京极小学之前，从梨木神社北部邻近的染殿町的六条家搬到河源町对面的东樱町的丰冈子爵家。那时，家的对面是久迩宫宅第和府立医专，其附近有原三高校长折田彦市以及片冈直温、高仓子爵等人居住。

立命馆大学在 1900 年（明治三十三年）刚建成时是京都法政学校，由西园寺公望的秘书中川小十郎创办。校舍是东三本木的清辉楼二层，位于从荒神口街南下至现在的京都地方法务局西侧。料亭清辉楼在有艺伎出没的花柳巷，这里流传有幕末时艺伎几松离开桂小五郎（木户孝允的曾用名——译注）逃往鸭川河畔的轶事。它的南面有赖山阳执笔《日本外史》的赖山阳书斋（山紫水明处）。在明治前期，富冈铁斋把这里当作住所代为保管。另外，竹内栖凤的师傅幸野楳岭曾居住在亭吉田屋旧址（《京都花柳巷见闻录》）。

京都法政学校聘请京都帝国大学教授为夜校教师。建校第二年即 1901 年（明治三十四年），迁至现在的广小路，最初以西园寺公望私塾之名建校，1913 年（大正二年）改名为立命馆大学。1933 年（昭和八年），招聘了许多因泷川事件被驱除的教授为任课教师，加强法律学科师资力量，这一传统一直延续到战后。1945 年（昭和二十年）末川博出任校长，开启了"和平主义和民主主义"教学的时代。在已经停业的立命馆、同志社夜校学习的勤奋的学生在日本战后社会发挥了巨大的作用。

从室町街继续往南走，可以看到京都府立鸭沂高中。明治五年（1872）在土手町街丸太町下旧九条殿河原町宅地开业的"新英学校及女红场"于1900年（明治三十三年）迁移至松阴町，1904年（明治三十七年）成为京都府立第一高等女子学校。据说，鸭沂高中的大门最初在近世末期的九条殿河源町宅地，茶室也从九条家迁走。1890年（明治二十三年）4月27日，把昭宪皇后的贵宾席作为礼仪教室保留下来。同一天，皇后在参观京都纺织品公司（荒神桥东端）后，来到京都府高等女生学校，考察了各个教室，看到了学生的成绩榜后下赐200日元（《明治天皇纪》）。于1936年（昭和十一年）竣工的教学大楼以及室内泳池（1933）、体育馆（1934）都是新潮的建筑物。经过其南面的京都市历史资料馆，可以看到1878年（明治十一年）建成的新岛襄宅第旧址，虽然新岛襄宅第的外观是美国建国时代的建筑样式，但内部装修是和洋结合样式的，出自日本工匠之手。

荒神口是京都七口之一，从荒神口经过山越道，一直到位于琵琶湖旁的志贺里。护净院称天台宗常施无畏寺、通称清荒神，信仰灭火神。这是由阴阳师占卜决定的光铬天皇的胎盘墓，是到比叡山路线的天台宗的起点。嘉永七年（1854）皇宫发生火灾，孝明天皇到下鸭社、圣护院等处避难，因此，开始兴建荒神桥以替换临时桥，庆应三年（1867）西本院寺花了五万两最终建成荒神桥。1953 年（昭和二十八年）11 月，京都举办日本学园复兴会议期间，学生游行队伍向立命馆大学举办的"海龙王像"（本乡新作）欢迎集会走去，发生了与警察冲突的"荒神桥事件"。

京都大学：学术自由，大学自治

在跨过荒神桥往东的地方，在近世是圣护院领地。在幕末，从会津下宅第和操练场去往明治五年京都府的牧畜场，1887 年（明治二十年）设立了具备动力纺织机的京都纺织品公司。京都纺织品公司在京都府知事北垣国道的斡旋下，由东京的涩泽荣一、大仓喜八郎，京都的滨冈光哲、内贵甚三郎等人共同发起成立的。现在此建筑物是京都大学东南亚研究所的工作场地。往会津下宅地北面走 400 米左右，有九条家下宅地，相当于京都御所、日拜所的正东面。文久二年（1862），祭祀黑住教的教祖宗忠神社，以孝明天皇、三条实美、二条齐敬的皈依为背景，在神乐冈吉田家的公司地盘创建。当时曾有将宗忠神社神宫迁至这个九条家下宅地周边的计划。

在荒神桥的东端到东北之间有志贺越道连接，但在东一条的东北交叉路口处，有泽村道范捐献的路标，路标上有"右 坂

东一条交叉路口路标（宝永六年）

本 唐崎 白川之道 左 百万遍之道"，时间是宝永六年（1709）。从这里开始志贺越道被划入京都大学的校园，从位于东北方向的工学部建筑学教室的东侧开始，道路再次出现。这是因为文久三年在尾张宅地上兴建神社，占用了志贺越旧路的缘故。

从百万遍到圣护院的周边地区是辽阔的茶园和麦田，是保留户棚浴池（蒸汽浴池）的风俗的"京都的农村"。1889 年（明治二十二年）设立第三高等中学后，这里逐渐具有学校街的气息。（喜田贞吉"学校街"《京都各地》）。1889 年，京都府在高等中学从大阪迁到吉田的过程中，并没有采取积极的地区振兴政策，只是实施了京都府的教育改组计划。根据 1894 年（明治二十七年）的"高等中学令"，它成为第三高等中学，从大阪的初中时代起到 1910 年（明治四十三年）期间，担任校长的折田彦市人格影响力很大。折田彦市的铜像（辻晋堂作）在现在的吉田南校区，第三高等中学当时的正门和门卫地点没有变。

1897 年（明治三十年），京都帝国大学在首任总长木下广次的领导下，首先设立理工科大学，它是继东京帝国大学之后设立的理工大学。理工大学后来发展成为有理工、法学、医学、文学四个分科大学组成的综合大学。它秉持创建时的文部大臣西园寺公望"在远离政治中心的京都培养自由、清新的学风"的理念。1907 年首任校长狩野亨吉在文科大学（后来的文学部）开设哲学、史学、文学三个学科。作为文科大学的特色，东洋[1]学是重点学科。根据内田银藏的建议，把地理学作为独立的讲座归入史学科。另外，滨田耕作在 1916 年（大正五年）开设了日本战前唯一的考古学讲座。各学科的特色体现在国史、东洋史、西洋史、地理史学科和考古学等各研究室、陈列和收藏的陈列馆的内庭和长廊的空间布置中。

---

1 东洋即亚洲，尤指亚洲东部和南部，包括中国、日本、印度、缅甸、泰国、菲律宾、印尼等。——译注

京都大学一直坚守着学术自由和大学自治的传统。1913年（大正二年），泽柳政太郎总长在没有征得所属分科大学教授会的同意下就罢免了7名教授，但反对此项罢免的法科教授要求教授会确认了他们拥有人事等自治权。在其政治背景中有大正民主运动高涨的因素。另外，在1933年（昭和八年），自由主义法学教授泷川幸辰的《刑法读本》被攻击为危害思想的读物，文部大臣鸠山一郎和京都大学总长小西重直对泷川幸辰作出了停职处分的决定。于是发生了以泷川幸辰、佐佐木惣一、末川博、恒藤恭等8名教授为首的过半数法学部职员抗议和辞职的事件（泷川事件）。文部省在全国许多"赤化教授"中，独独处罚了泷川幸辰一人。处理京都大学学联事件时，当局给的理由是，对该事件的处理适用于第一次处罚河上肇挥舞健笔发表言论所依据的《治安维持法》的相同的法规，在他们看来，京都大学是大学自治的根据地。

从1892年（明治二十五年），京都市会招引官立学校承担在"山清水秀"的地方推出有"千余年古都"传统文化的实业教育势头不断高涨。1899年（明治三十三年），在吉田设立了京都工艺学校。京都市长内贵甚三郎，中泽岩校长兼京都帝国大学理工科大学教授是核心人物，设置了色染、机纺、图案设计三个专业。校歌中有"我校坐落在美丽的神乐冈山山麓下，这里是工匠职业的摇篮"这样的歌词。

1907 年（明治四十年），京都市立美术工艺学校（绘画课、工艺图案科、雕刻科）从御所的东南角迁至吉田。1911 年，绘画专科学校建成。在 1926 年（大正十五年）迁至现在的熊野之前，菊池芳文、竹内栖凤等人担任日本画的指导，太田喜二郎担任西洋画的特约讲师。太田喜二郎在给滨田耕作讲授西洋画的同时，也为邻近的京都帝国大学留下了许多教授的肖像画。

京都市立美术工艺学校派遣竹内栖凤出席法国巴黎万国博览会，派遣神坂雪佳出席英国格拉斯哥万国博览会。尽管他们了解 20 世纪初期欧洲时兴的美术、设计、建筑等美术相关的工艺，但浅井忠、神坂雪佳却从欧洲反向引入已成为"世界的光琳"的光琳派作品回国，专心致志地从事光琳派作品的创作和教学活动。由武田五一设计、于 1925 年（大正十四年）竣工的京都大学本部新馆（钟塔楼）的正面大门采用流畅而华丽的男女裸体浮雕《空》（斋藤素严作，1924 年帝国美术院展览会出品）作为装饰。另外，直到 1929 年（昭和四年），在第三高等中学的南侧有京都府立京都第一中学。在 20 世纪前期，鸭川左岸犹如法国巴黎市中心、塞纳河左岸的学区。

诗人驻日大使保尔·克洛岱尔[1]于1927年（昭和二年）与大阪

1　1868～1955，法国诗人、剧作家、外交官。——译注

商工会议所会头稻畑胜太郎一起在九条山创立关西日法学馆，作为日法文化交流的场所。1877年（明治十年），15岁的稻畑被京都府知事槙村正直以京都府派遣留学生的名义派遣赴法国里昂学习染色技术。他在染织事业取得成功的同时，将卢米埃尔[1]兄弟发明的电影在四条河原露天上映。这是首部在日本上映的电影。可以说，稻畑是京都府开明的教育和产业政策的受益者。

关西日法学馆于1936年（昭和十一年）迁移至上东一条的吉田泉殿町。它的旁边是歌德研究学会。京都帝国大学教授狩野直喜在1940年（昭和十五年）纳粹德国占领巴黎时留下了一句"即使法国陷落，法国的文化不灭"的名言。他是研究被法国的佩里奥发现并被清朝考证学证实的敦煌抄本的汉学家。

在战前，在作为学区的吉田周边有许多面向学生的出租房间、食堂、寄宿处、文具店、杂货店，热闹非凡。在东一条附近还有咖啡馆，昭和初期，织田作之助在海德尔贝尔西咖啡馆认识了后来成为他妻子的宫田一枝。在"百万遍"的东面是咖啡馆"进进堂"，至今仍在营业。它的建筑物采用西班牙式及装饰派艺术造型，里边摆放着民间工艺运动发起者黑田辰秋制作的厚重的餐桌。

---

1 1864 ~ 1948，法国电影机械发明家。——译注

咖啡馆"进进堂"

在京都大学校园内被阻断的志贺越道（从今出川街到吉田神社方向的地点）继续往东北方向行走，前方有指示前往比叡山、唐崎、坂本的路标（嘉永二年（1849））。与北侧的理学部相邻的地方是后二条天皇陵。后二条天皇是镰仓时期的天皇，但根据山田邦和氏的研究，此陵属于古坟时代[1]。穿过今出川街，《拾遗都名所图会》里记载的、被称作"稀世绝代的大像"的镰仓时代石佛像呈现眼前。它的北面是建于20世纪30年代的新潮建筑"光华

1　日本文化史阶段之一，自3世纪后半叶至7世纪，以"前方后圆"造型为主的古坟发达的时代。——译注

寮"和 1945 年（昭和二十年）作为京都帝国大学出租给中国留学生的学生宿舍，但现在已成为废墟。

　　不大会儿工夫，在左手边出现了京都大学人文科学研究所附属东亚人文信息学研究中心，这是一座西班牙风格的白色建筑。1930 年（昭和五年），它作为东方文化学院京都研究所而建立，包括内部日常用具在内的设计均出自京都大学建筑学科第一代教授武田五一的弟子东畑谦三之手。从设计者接受滨田耕作的建议，不采用长龙盘绕的中式建筑设计风格可以看出，京都建筑具有东洋和西洋两不废的风格特征。

京都大学人文科学研究所分馆
图片提供：池田巧氏

第三部

京都印象：人与物的往来

京都印象：人与物的往来

　　京都的历史在与人和事物的不断交往中形成。这里，我们来考察到访京都的人看到了什么。《朝鲜通信使的街道：从大德寺到耳冢》一章讲述京都与朝鲜以及东亚在政治、学术、文化交流中而形成的国际视野。这里将对丰臣政权入侵朝鲜，江户幕府让朝鲜通信使参观耳冢的意图以及通信使为此落泪的心理进行分析；在《牛马的街道：东海道与山科》一章中，我们将从大津至蹴上考察江户时代的大动脉——东海道。我们还将考察街道上的人来人往的状况，以及明治时期铁道开通后，一灯园、放牧场的开设、日冈岭开凿后的轨迹。在《古典文学与岚山、嵯峨野的近代》一章中，考察20世纪京都正式启动旅游业开发时，发掘出来的日本古典文学世界中的祇王寺和岚山的历史遗迹。在《与幽栖共生的乡村：京都北郊岩仓》一章中，在京都到若狭的起点的大原口乘坐叡山电铁抵达岩仓。在近世，患有精神病或眼病的人取用大云寺的香水。在近代精神病院与保养所（旧茶屋）共存的精神医疗中，看一看多样的可能性。明治中期以后，冈仓天心、关野贞等人在最后一章《"正宗京都"与宇治：世界遗产与文化景观》提及的平等院凤凰堂里寻找纯粹的国风文化。在漫步茶商聚集的宇治桥街、仅存的茶园、凤凰堂、宇治川畔、宇治上神社的同时，思考"京都印象"的虚与实。

第十一章

朝鲜通信使的街道：
从大德寺到耳冢

在两次入侵朝鲜的丰臣秀吉去世后，朝鲜通信
使为谋求日朝关系的修复，曾逗留京都。他们
在京都看到了什么，受到了什么待遇，这其中
又有哪些意义呢，这是我们想要了解的。

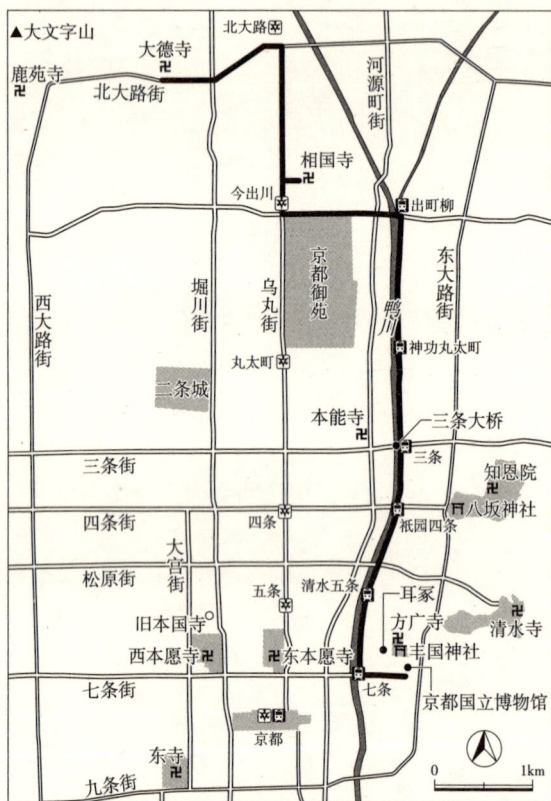

▲大文字山
大德寺
鹿苑寺
卍
北大路
北大路街
河源町街
相国寺
卍
今出川
出町柳
京都御苑
东大路街
堀川街
乌丸街
鸭川
西大路街
丸太町
神功丸太町
二条城
本能寺
三条大桥
三条街
三条
知恩院
八坂神社
四条街
四条
大宫街
祇园四条
松原街
五条
清水五条
耳冢
方广寺
清水寺
旧本国寺
丰国神社
西本愿寺
卍
东本愿寺
卍
京都国立博物馆
七条街
七条
京都
东寺
卍
九条街

0　　　　　　1km

去大德寺从地铁乌丸线"北大路站"乘坐市公交车204、205、
206、北8路车，在"大德寺前"下车。去耳冢、丰国神社，
从京阪本线"七条站"徒步。

日本与朝鲜国交恢复

众所周知，天正十三年（1585）丰臣秀吉取得关白职位后不久，就萌发了征服中国大陆的野心。天正十九年（1591），在肥前国[1]开始建造名护屋城，第二年，以这里为根据地第一次出兵朝鲜。期间，发生了朝鲜义兵揭竿而起、朝鲜水军反击以及明朝出兵等事件。虽然曾一度与明朝进行媾和谈判，但谈判破裂后，丰臣秀吉于庆长二年（1597）第二次出兵朝鲜。由于丰臣秀吉病逝，日本撤兵。其后掌握政权的德川家康与朝鲜进行媾和谈判，并在江户接待朝鲜通信使。

在两次发兵入侵朝鲜的过程中，朝鲜的许多平民百姓被卷入其中，成为被"切鼻"、抢劫、杀害的受害者。此外，被俘虏的朝鲜人被押往日本。在京都能看到丰臣政权的侵略行迹和其后德川政权进行的日朝间"诚信"外交的行迹。我们一边考察这些行迹，一边关注地处东亚的京都。

先来看大德寺，丰臣秀吉死后，握有天下霸权的德川家康于庆长五年（1600）派遣使者赴朝鲜，同时遣返 200 名俘虏。在庆长十年，德川家康在伏见城会见朝鲜派来的使者松云大师惟政，

---

1 旧国名，位于九州岛佐贺县和长崎县之间，但不包括壹岐和对马。——译注

表明不会再次侵略的意思。果然，庆长十二年（1605），朝鲜方面派遣超过 500 名使节来日，两国国交恢复。在这之后，在整个江户时代，朝鲜先后 12 次派遣使节团来日，日朝之间交流顺畅。前三次使节团派遣，即庆长十二年、元和三年（1617）、宽永元年（1624），使节团人员都在大德寺入住。选中大德寺作为接待住宿地点的原因不甚清楚，但在应仁之乱后，大德寺是被迅速修复的寺院。第一次出兵朝鲜前，天正十八年（1590），丰臣秀吉在京都迎接朝鲜使节时也将大德寺作为入住的地方，这是仲尾宏氏的研究。

据第一次朝鲜使节团副使庆暹的《海槎录》记载，使节团一行从大阪经过淀（位于京都市伏见区）进入京都，最后到大德寺。在大德寺内，据说有天瑞寺、宗见院、甘棠院、大光院、金龙院等数十余个小寺院。庆暹入住的天瑞寺，院子里种植着苏铁树。天瑞寺据说是丰臣秀吉为了祭拜其生母大政所而兴建，现已不存在。总见院是丰臣秀吉于天正十年（1582）作为织田信长的菩提所而兴建的知名小寺院。寺院内有织田信长、织田信忠、织田信雄的墓地。此外，大光院至今还在。使节人员在大约一个月的逗留时间里，参观了东福寺、三十三间堂、清水寺、知恩院等在东山的寺社。

大德寺门前
援引图书:《京都名胜志》，京都市编

　　入住大德寺的前三次使节团在朝鲜被称为"回答兼刷还使"。它表明使节团采取的是应日方邀请而派遣的形式，以遣返被俘人员为重要目的。在被俘人员中，有入侵朝鲜期间从事间谍活动和因劳务而遭绑架的人，此外还有陶工等工匠以及后文将提到的姜沆那样的朱子学者。根据仲尾氏的研究，在国交恢复的过程中，大约有 7000 名俘虏遣返朝鲜，但这仅仅是数万名俘虏中的一部分。

　　《海槎录》里记载了在使节团从京都前往大德寺途中有许多

前往观看的百姓。其中，有一位朝鲜女性一边观看一边流着眼泪。宽永元年（1624）第三次使节团副使姜弘重的《东槎录》里，也描写了同样的情景：在观看前往大德寺的使节团的人群中，有一位全罗道昌平县出身的女性，一边观看一边流泪。她在和周围的人诉说自己是俘虏，如果一行人当中有昌平县的人，请告知她家人的消息。

在第二次入侵朝鲜时，成为藤堂高虎军俘虏的朱子学者姜沆经由伊予国大洲（现为爱媛县大洲市）被带到京都，他与家人一起被捕，失去了孩子和亲属，一直过着俘虏生活。这些事情在《看羊录》中也有详细记载。根据《看羊录》，姜沆在伏见藤堂高虎的宅第里过着软禁的生活，已成为相国寺的僧人。他与专心致志研究儒学的"舜首座"即藤原惺窝以及师从藤原惺窝的播磨国的武将赤松广通等人有交往。据说，藤原惺窝向姜沆了解朝鲜科举的规则、释奠（祭拜孔子及其门人的祭祀活动）、经筵（在君主前讲授经书）、朝著（官位顺序）等事项。通过与姜沆的交流，他加深了对朱子学的崇敬之情。后来他成为日本近世儒学的鼻祖。此外，赤松广通请求姜沆的兄弟及其他俘虏写"六经"（被称为儒学经典的《诗》《书》《易》《春秋》《礼》《乐》）的"大文"（有注释的书的本文），以换取姜沆等人回国的权利。

本国寺：朝鲜通信使的入住地

在多达三次的"回答兼刷还使"派遣后、朝鲜于宽永十三年（1636）第四次派遣使节来日。此时德川政权迎来了稳定期，幕府任命京都五山的大儒学者在对马的以酊庵轮流负责外交。处在中国明清交替之际国际秩序变动中的朝鲜也希望与日本保持稳定的外交关系，以曾使用的"通信使"名义派遣使节前往日本。朝鲜使节入住的地方也从大德寺改为本国寺（本圀寺）（不过，只有一次是例外，享保四年第九次使节来日时入住地是本能寺）。据池内敏氏的研究，入住地之所以发生变更，是因为使节在前往大德寺途中要经过皇宫，而幕府并不想让朝廷与朝鲜使节接触，明确表示接待使节属于武家的外交权限。

本国寺原先是在西本愿寺之北、现在的下京区柿本町一带的日莲宗（法华宗）寺院，1971 年（昭和四十六）迁移至现在的京都市山科区御陵。17 世纪后半叶，以德川光圀保护为契机，将"本国寺"改为"本圀寺"（下面为了方便起见，标记为"本国寺"——译者注）。日莲宗寺院将建在镰仓的法华堂作为自己前身的寺院，14 世纪中叶将六条堀川作为寺院地盘。到了 16 世纪，它成为法华宗在京都市的一大据点。根据元龟二年（1571），传教士喀什帕尔·魏瑞拉所写的报告，当时在本国寺的僧人有 370 人之多，寺院的地盘大，是方形的，四周有又宽又深的壕沟（"9月18日耶稣会士日本通信"《史料 京都的历史 12 下京区》）。由于该寺院兼备了四周挖护城壕的功能，将军足利义昭和羽柴（丰臣）秀吉把它作为后方阵地。

在安永九年（1780）成书的《都名所图会》卷二里有对寺院内建筑的描述，在广大的寺院领地里，有本堂、祖师堂、立像堂、大黑堂等众多的堂。此外，还有"加藤清政（正）之墓、同一类的墓"的描述。据仲尾宏氏的研究，加藤清正信仰法华宗，出兵

本国寺
选自《都名所图会》
图片提供：京都市历史资料馆

朝鲜时，在本国寺祈祷。加藤清正去世后，对他的追善供养由本国寺负责。加之，本国寺曾是丰臣秀吉在"本能寺之变"时把它作为后方阵地（《兼见卿记》天正十年七月十一日）的地方，接待使节的大德寺也是丰臣秀吉举行织田信长葬礼的地方，使节滞留的总见院也是丰臣秀吉兴建的。因此，从这个意义上说，德川政权接待使节宿馆的寺院都是与丰臣政权有关系的。

民众围观朝鲜通信使

这里，我们根据仲尾宏氏的研究来探讨朝鲜通信使前往本国寺的路线。通信使从朝鲜釜山出发，途经对马、壹岐、筑前的蓝岛，再从赤间关进入濑户内海，从大阪溯淀川而上，最后到达京都。在京都滞留后，前往大津、彦根，经中山道走东海道，最后到达江户。回去的路顺来时的路线返行。通信使从大阪进入京都时，乘川御座船北行，从淀开始走陆路。具体说来，经过下鸟羽、上鸟羽前往东寺。从东寺到大宫街、七条街，再北上油小路街走到本国寺。从本国寺出发到江户时，先到松原街往东行，经过室町街、三条街过三条大桥，再往逢坂关前行。在通信使旅行途中，有许多人前来观看。正德元年（1711）第八次来日时，在京都町奉行所贴出来的布告中，有要求在世界各国人往来时，僧人和尼姑不得混在一起观看，须用簾、幕、屏风、隔窗等隔离开来。另外，不得摆放酒肴点心办宴席，禁止无礼的举止。（《京都布告集成》，下文出现的布告援引图书同上）。同样的布告在下一次享保四年（1719）使节团来日时也张贴了出来。但此时布告里却禁止人们用金银的屏风隔离起来观看。另外，在使节经过的町，要求人们进行细致的扫除，在路边卖场和家里二楼阳台观看时，注意举止，不得"高声""大笑""用手指人"。这些布告在此后使节团来日时反复贴出，与幕府想让通信使看到其威信的初衷不同的是，许多人并没有压制好奇心，而是尽情围观有异国人出现的别样景象。

享保四年以后，当局反复公布告示，禁止人们在三条大桥、三条小桥、五条桥、白川桥、堀川桥等，以及"桥下"和"河中"观看，这反而让人想象得到当年京都人蜂拥而至地前来观看异国人来访的情景。在《阁冥记》6月20日中，有这样的记载：鹿苑寺的住持凤林承章于宽永二十年（1643）使节团来日时，就想在御幸町一个名叫道以的人的带领下，从相国寺前往御幸町观看。不过，各个町的"针拔"（亦称"针贯""钉贯"，是一种防御设施，设在街入口处、用纸糊的屏风）已经关闭，由于往来不方便，就走三条大桥下面，前往御幸町街观看。

朝鲜通信使的列队

援引图书：《淀渡边家所藏朝鲜通信使关系文书》，京都市历史资料馆编

　　有很多人前来观看通信使，自然也有一些人被排除在外，不许观看。延享五年（1748）以后，在使节到达京都之日和从京都出发之日的两天前，当局向管理"非人"的悲田院发出布告，不让"乞丐""非人"靠近通行路或通行路上醒目的地方。

　　另一方面，不仅在京都，在朝鲜通信使滞留的地方，有许多日本人前往请求诗文和绘画等交流。在享保四年使节团的制述官申维翰写的《海游录》里有"求诗文的人充满街头，堵满城门"（根据姜在彦的译注，下同）的文字，描述了日本人为得到诗文而顾不上吃饭的情景。根据这种情况，在朝鲜使节延享五年（1748）第十次和宝历十四年（1764）第十一次来日之际，当局在京都张贴了禁止日本人在使节团一行的住宿地和旅行途中与他们接触，以及不允许对马宗氏的家臣擅自与使节团一行进行货物交易的布告。

耳冢：丰臣秀吉的"切鼻"政策

朝鲜使节到达京都时，可以说作为接待方必须是方广寺大佛殿。众所周知，方广寺大佛殿原本是丰臣秀吉从天正十六年（1588）到文禄四年（1595）期间兴建的。但由于发生了文禄五年的大地震，大佛被损坏，加上丰臣秀吉去世，重建工作落到其子丰臣秀赖身上。庆长十九年（1614），为迎来开眼供养之日而建造的新的梵钟上，因为有"国家安康君臣丰乐"的铭文，导致了大阪冬季战役。现在，去方广寺就可以看到这个梵钟。

庆长十二年（1607）第一次朝鲜使节来日时，大佛殿尚未开始重建，但在元和三年（1617）第二次朝鲜使节来日时，已开始重建。朝鲜使节在伏见城谒见了将军德川秀忠，回国时，幕府在方广寺大佛殿前设宴款待他们。从这之后，使节一行从江户出发经京都回国时，幕府一般要在大佛殿前设宴款待。

在这里值得注意的是，在紧靠大佛殿的西面，有一座耳冢（实际为鼻冢）。耳冢是被切下来的鼻子的掩埋之地。它是丰臣秀吉第二次出兵朝鲜时实施"切鼻"政策的产物。庆长二年（1597），在醍醐寺座主义演的日记里有"从高丽来的耳鼻十五桶云云，随即在大佛附近建坟墓掩埋。合战日本获大利云云"（《义演准后日记》9月12日）的记载。此后，由五山僧人举办佛事。"切鼻"是将切下的鼻子作为战功的见证，根据其数量的多少而加封相应的土地。据北岛万次氏的研究，被切下来的大多为普通民众的鼻子。

据被俘者姜沆写的《看羊录》记载，丰臣秀吉下令说"人有两只耳朵，鼻子只有一个。割掉朝鲜人的鼻子，以此取代首级"。被切掉的鼻子用盐腌，送交丰臣秀吉，被埋在如"微隆起的小丘陵"的耳冢里。耳冢（鼻冢）的存在早为朝鲜人所知晓。另一方面，江户时代初期以后，在对《洛中洛外图》中屏风和名所的介绍里，除了方广寺大佛殿外，还有对耳冢的描绘，耳冢已被"名所化"。根据罗纳尔德·托比的说法，其原因是人们把丰臣秀吉侵略朝鲜视为一种"丰功伟业"，在朝鲜通信使来日和在京都滞留

耳冢

期间，德川幕府将朝鲜通信使带到耳冢，试图营造一种将军供奉（朝鲜）报国者的印象。

　　对此，在享保四年（1719）来日的通信使对在丰臣秀吉建造的大佛殿前举办宴席提出了疑义。此时，跟通信使随行的对马藩的真文役雨森芳洲为了不让通信使产生不快，向新井白石进言，用竹栅栏把耳冢围了起来。正如仲尾氏所指出的那样，雨森芳洲的历史观是，丰臣家发动"无名之师"（没有名分的战争），是"杀害两国无数的人民"。因此，将"耳冢"展示给使节以显示"日本的武威"的做法，只能表明"我国的不学无识"（《交邻提醒》）。

现在，在耳冢的周围砌起了石头围墙。据琴秉洞氏、高木博志等人的分析，这是 1915 年（大正四年），由伏见侠客勇山、小畑岩次郎以及歌舞伎演员、义太夫调[1]艺者等人捐献而建成的。这里有为鼓吹侵略朝鲜的思想的《太阁记》造势的背景。

丰国神社是在丰臣秀吉死去的第二年庆长四年（1599），由丰臣秀赖在东山阿弥陀峰山麓创建的神社。不过，庆长二十年（1615），丰臣氏灭亡后，根据德川政权之意，丰国神社被剥夺了"丰国大明神"的神号而处于荒废状态。明治维新后，新政府在原来的方广寺大佛殿的旧址上重建。高木氏认为，这是有意彰显朝廷权威的功臣——海外出兵先驱丰臣秀吉，而降低德川幕府的权威和东照宫的地位。1897 年（明治三十年）帝国京都博物馆在丰国神社、方广寺的南侧开馆，第二年召开了第一次特别展，相当于丰臣公去世三百年之后的"丰臣时代物品展览"。1894 年（明治二十七年）爆发了日清战争。而在此之前举办特别展实际上起到

1　日本传统音乐之一，与偶人戏相结合而发展起来，由竹本义太夫首创。他吸取古代净琉璃各流派风格并加以统一，于 1684 年创设，并在竹本座上演偶人剧。——译注

了将丰臣秀吉出兵朝鲜与日清战争联系起来的作用。

可以说，江户时代朝鲜使节来日象征着德川政权的和平外交。时间上，它处于丰臣秀吉出兵朝鲜与近代日本日清战争以及朝鲜殖民地化之间。但是，从朝鲜使节在京都的宿馆和访问地点的选择来看，它的外交观念很难说是真正友好的，实际上它是在为其后的殖民地化做准备。

第十二章

牛马的街道：
东海道与山科

在京都郊外散步的乐趣之一是发现有个性的石灯笼和石碑。在旧东海道也曾使用车石（用于填平因牛车走过产生的深凹处，以避免车轮打滑的石头——译注）。我们还寻找侧壁和庭石的痕迹。

去一灯园，从京阪电铁京津线"四宫站"出发，徒步 5 分钟。

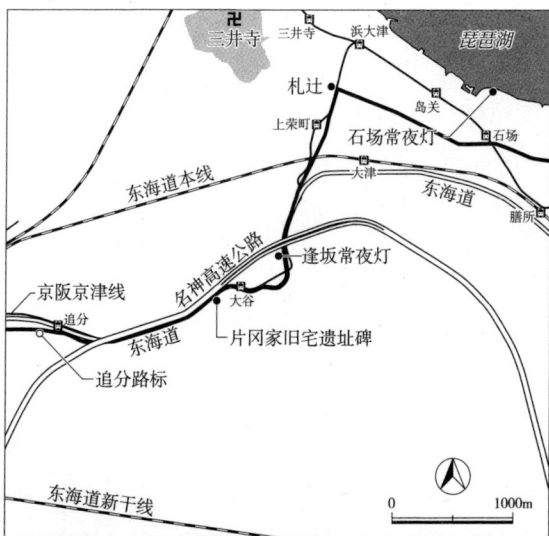

前往石场常夜灯，从京阪电铁石山坂本线"石场站"出发，徒步5分钟。如果从大津出发，距离过长，可从一灯园开始徒步。

德川家康整备东海道

从江户时期"东海道五十三站"的起点日本桥到第53站的大津驿站，或从京都三条大桥到第一站的宿站——大津驿站。

在丰臣秀吉宣告战国乱世终结的统一事业中，大津战略地位上的重要性，从丰臣秀吉将坂本城迁移至大津就可以看出来。坂本城原本是织田信长为压制对立的比叡山而建造的城堡。在与比叡山延历寺和解后，对丰臣秀吉来说，其重要性已经降低。相比之下，大津不但是从东部前往京都，也是避开京都从伏见到大阪，从西面经过北国街道到若狭、加贺、越后，或经过中山道、东海道，到美浓、信浓、尾张、骏河分道的要冲。

出于大津城的重要性，丰臣秀吉才让淀殿（丰臣秀吉的侧室）的妹妹的第一个丈夫京极高次（战国时代至江户初期的武将、大名——译注）当了城主。但在庆长五年（1600）发生了关原之战，受到东西夹击的京极高次最终跟随东军进入大津守城，大津扮演了阻止西军的毛利势参与关原之战的重要角色。

关原之战爆发的第二年，德川家康加强东海道整备，修建宿驿。庆长九年，开始整备一里塚、松树。大津是有数的东海道的宿场之一，京极高次因为在关原之战中的功劳，成为小滨藩领主，此后，大津成了废城。木材移至膳所和彦根等地。这样，战国的城下町就变成了泰平的宿场町（商人町）。北国街道与东海道的交叉点被称为札辻（路口），这里还设置了大津代官通告町人的布告场。

大津祭：大津商人的实力秀场

据说，成为商业城的大津于元禄十年（1697），100 个町中出现了 4700 户的商家，人口接近 18000 人。东海道从草津过濑田的唐桥，迂回琵琶湖，从石场的渡口进入内陆。石场曾经是知名的湖上交通要道，现在湖岸已被填埋，成为渡口船标记的常夜灯让人回想往日的渡口。从渡口走大津的街道约 1500 米就到达札辻。再一直往前走，进入北国街道，不一会儿往右拐北上，就是湖西通向坂本方向的地方。另外，人们将从右拐的交叉路口走向西面的山道称为小关越。对此，我们放在后面叙述。

显示大津商人经济实力的活动有大津祭。像京都祇园祭那样，每个町提供的山鉾彩车都跟各自的谣曲和故事有关，因此在唱谣曲的高调方面很有特点。提供彩车的都是东海道到湖岸一带的町，在东海道沿途，锻冶屋町提供西行樱狸山鉾彩车，后在家町和下小唐崎町提供郭巨山鉾彩车，中京町提供源氏山鉾彩车，上京町提供月宫殿山鉾彩车。

据说，在上京町的札辻往左拐，沿东海道南下，在大津商业的鼎盛期，直到逢坂，沿途有许多旅馆。不过，就物资的流通而言，17 世纪后半期，由于西环航路的开发，东北、北陆地方的大米和物产从山阴地区经下关、濑户内海运送路线到大阪，走琵琶湖的运送量减少。因此，琵琶湖沿岸的港町也逐渐衰退。经由琵琶湖的运送被濑户内海线路取代的原因之一是琵琶湖路线的北陆至京都之间有不少险峻的山路，导致运费高昂。

根据大津市历史博物馆编的图录《车石》，从札辻南下 1000 米，很快进入逢坂山路。根据安永四年（1775）的记录，运到京都的 93 万袋大米中，就有 13 万袋是由人工搬运的，46 万袋放在牛或马的背上搬运，22 万袋用牛车搬运。牛和马由大津的运输业者的马出借商提供，牛车由京都或伏见的车出借商提供。不论哪一种情况，从大津到京都的山路运输都要依赖牛和马。

逢坂鬼门关之地

据说，在逢坂岭设关所始于 7 世纪，8 世纪末废止，到 9 世纪又重开（《日本纪略》）。"去兮归兮均经此，分别之后了无音，逢坂鬼门关之地"，这首和歌据传是那个时代的禅丸[1]咏诵的。现在，在逢坂有京阪京津线的大谷站，在附近，还有与禅丸有渊源的常夜灯和禅丸神社。

在室町时代，逢坂关归属三井寺（园城寺），三井寺向逢坂关收取进关钱。对三井寺来说关钱是一笔很大的收入来源，因此会跟室町幕府发生经济利益的争夺。

从大谷站沿东海道往西南方向走，越过陆桥，走国道南侧的人行道。过了陆桥不久，有一座大津算盘的始祖——片冈家旧址纪念碑。在 17 世纪的长崎，从明朝学会算盘的片冈将这条街道作为制造算盘和普及的据点。这一带游客众多，十分热闹，有走井饼、大津绘、大津针等名特产。在片冈家旧址的西邻有月心寺，月心寺被称为"在街道上的走井宅旧址"。在江户时代，这里可能有茶屋。此后，经桥本关雪[2]整备后成为寺院。

1　生于平安前期，盲人，擅长和歌和琵琶，住在逢坂山。——译注
2　日本著名画家，大正、昭和年间关西画坛的泰斗，日本关东画派领袖。——译注

从大谷到追分虽然步行仅 700 米的路程，但国道沿途车流量大，步行较危险，我们建议在大谷站乘坐京阪线去追分。

追分：游客的休息场所

《蜻蛉日记》里记述了安和二年（969），藤原兼家之妻（作为道纲之母而知名）在前往石山诣时曾在逢坂岭休息。作为游客越过逢坂岭的休息场所，最知名的就是追分。

走东海道进入追分，在其入口处有长松清风在幕末的京都开设的本门佛立宗的寺院——佛立寺。从京津追分站出发，要返回稍靠近大津的地方，在路桥穿越国道。

从佛立寺开始大概走 200 米，有跟追分即奈良街道（伏见街道）的分叉点。追分有路标，左边是去京都的路，右边是去伏见的路。现在路标原实物保存在滋贺县立安土城考古博物馆。近年由于作为替代品的复制品已经破损，让人无法回忆往日的情况。在 18 世纪发行的《都名所图会》里，介绍了这里的路标；在《伊势参宫名所图会》里，有对布告场的描绘等，可以让人联想到近世相关地志和名所记中描述的追分的繁华景象。在这里也出售走井饼和缝针。

从追分开始，东海道呈现缓慢下坡状，不过，由于牛车和货车装满大米，在土路上行走时车轮容易下陷，并不容易走。在东海道，当出现急陡坡时，牛车很难爬上去，因此在这段路的两旁还特别设置了车道以降低路的坡度；甚至还在雨停后泥泞的地方，为避免车轮打滑特意敷设石头。

早在元禄年间，像这样的车道在逢坂岭就已出现。即使在日冈岭，宝永三年（1706）改建时也出现了［享和二年（1802）《三条海道山科乡麁绘图》里有图示］。另外，在文化初年实施的东海

逢坂山和车道
源自《伊势参宫名所图会》
图片提供：大津市历史博物馆

道的大津、京都间的修路工事中，路面上出现凹凸不平的地方用土填上，在有明显的坑洞和车轮深陷的地方填上石头铺平。此外，在坡路和桥侧等处设置的车道敷设车石也有很大的作用（《大津京都间道造绘图》）。京都的心学[1]者脇坂义堂和近江国日野商人中井源之卫门也参与了此项工事。车石是江户时代修整车道的遗迹，在追分以西的闲栖寺领地内，正在修复原来的车道，以供人们追忆昔日往事。

在街道上排列的商家分属好几个町，东海道以南属于京都市区，髭茶屋桃灯町、髭茶屋屋敷町、八轩屋敷町等称呼还保留至今。另外，包括东海道在内的北侧称横木、追分町，归属大津市。保存车石的闲栖寺也在大津市内。

一灯园：无一物无所有

从追分走右手边（北侧）的京道（旧东海道）继续往西走，能看到好些路标和车石。从旧藤尾小学旧址石碑走大约50千米，有一个"牛尾山（观音道）"的路标。从这里抄往南面的小路，经过音羽村落北面，通向牛尾观音（法严寺）的参拜道。再走100

1　江户时代糅合神、儒、佛三教思想，用通俗的语言进行道德教育。——译注

多米，过国道上的陆桥，就看到写着"三井寺观音道"字样的大路标。据说从这里往东北方向走的山道是小关越，古时在这个地方有逢坂关（增田洁《漫步京都的古道》）。还有，电影《罗生门》的原著小说芥川龙之介《竹林中》的舞台也许就在这一带的山道。

从东海道再往西走 100 米左右就进入了京都市区。四宫的十字路口再继续往前走 200 米左右的地方，在这里往右拐，有京阪京津线的四宫站。跨过四宫站东面的公路与铁路的交叉口，钻过 JR 东海道线的高架桥下，再爬混凝土的狭小坡路，就看到琵琶湖水渠。水渠从琵琶湖经小关越过来，从藤尾的北面到四宫这一段是在地表上穿流。水渠沿边的人行道在春季是樱花的名胜地。

在水渠北侧一带有一灯园。它诞生于滋贺县长滨的商家，1904 年（明治三十七年），西田天香受托尔斯泰、禅等影响开始路头托钵之行。1913 年（大正二年），他在支援者的援助下于在鹿谷建造据点。一灯园之名就从那个时候开始为人知晓。1917 年，仓田百三根据自己在一灯园的体验出版了《出家与其弟子》。1912 年，西田天香的著作《忏悔的生活》成为畅销书，这种宗教的共同体社会逐渐闻名。得到众多支持者援助的西田天香于 1928 年（昭和三年）把一灯园迁移至此，继续实践他的"无一物无所有"的理念，形成了直至今日共同体的基础。西田天香于 1968 年（昭和四十三年）去世，但他的日记以"天华香洞录"之名被翻刻，共同体的进程可以从设在园内的香仓院的展示中得以体现。

琵琶湖水渠与一灯园

地藏盆节：孩子们的节日

在京都、大阪、滋贺、奈良的某些地方，至今仍在八月下旬的星期六进行一种将地藏菩萨围住，孩子们在周围玩游戏和进行幸运抽奖的节日活动。在京都土生土长的孩子长大后，到了其他地方才知道地藏盆节并不是全国性的年中节日。一般认为，通称

"地藏盆"的这个节日本来是在每月 24 日从有地藏菩萨的缘日开始的，但它在时间上很靠近盂兰盆节，加上与暑假最后一个周末重合，因而显得十分隆重。除此之外，壬生寺等地举办"六斋念佛"，市内举行六尊地藏巡回的"六地藏巡回"的活动。

无论哪一个六地藏都设在各方前往京都的入口，即街道上。现在，奈良街道的大善寺（桃山）、西国街道的净禅寺（上鸟羽）、山阴街道的地藏寺（桂）、周山街道的源光寺（常盘）、鞍马口的上善寺（寺町）都面对着东海道的德林庵（四宫）。

在四宫，有仁明天皇之子——人康亲王曾经营的山庄。在位于德林庵北面的十禅寺，有人康亲王像，在其周边有墓地、山庄旧址和供养塔等。据传，人康亲王是盲人，传承琵琶法师的信仰。在六地藏巡回的时期，从上述四宫十字路口到山科站前的十字路口之间禁止车辆通行，夜市兴旺。8 月 16 日举办大文字五山送火活动，全国各地游客蜂拥而至前来观看；而六斋念佛、六地藏巡回活动则是暑假期间最后的活动，热闹非凡，深受孩子们和附近居民的喜爱。

老牛马放牧场

从德林庵再往西走东海道，不久会看到诸羽神社的门牌坊。

还可以一边看着各个路标，一边步行 200 米左右来到山科站前的十字路口。这里曾有名为奴茶屋的茶店，但自迁移至山科站前之后就关门大吉了。这一带是各种交通工具集中的交通要道，在十字路口的北面，有京阪山科站前的交通环岛，再往北就是 JR 东海岛线的山科站。十字路口的南面有通向地铁山科站的地下通道。

在山科站前交叉路口以南约 1000 米的西云寺里，有熊谷莲心表德碑。所谓熊谷莲心（直恭），是指在寺町姊小路经营笔墨商的鸠居堂的老板香具屋久右卫门，表德碑是为表彰文政八年（1825）莲心在此地开设老牛马放牧场而设立。老牛马是指在农耕或运输业中出过力但老了之后不能继续工作的牛马。它们也是与牛马往来的东海道有因缘的碑。莲心不忍处置老牛马，因而为它们提供老后安稳生活的场所。放牧场在莲心死后还在继续维持，直到 1888 年（明治二十一年）废止时才立此碑。

如上所述，三条街（东海道）不仅给大津和京都的人，也给在沿街一带经营茶店和土特产的人带来了繁荣。沿街成排的松树落叶和牛马粪为山科的农民提供了日常生活所需的燃料和肥料。沿街一带的道路整备和修补虽然也成为周边商家和农民的负担，但它带来的利益无疑是很大的。

新旧山科站与东山隧道

我们来看现在已成为交通要道的山科站。东海道线的山科站建于此地是 1921 年（大正十年），据说此前是在劝修寺的附近。这是因为从京都站不能直线穿越东山，在伏见要绕很大的弯。作为旧东海道线的记忆，在 JR 奈良线稻荷站有煤油灯小屋。因此，德富芦花在《不如归》中描写的武男与浪子擦肩而过，就是在旧山科站发生的事。

京都—大津之间的东海道线的替代工事，始于 1914 年（大正三年）的新逢坂隧道竣工，1917 年（大正六年）启动东山隧道工程，1921 年开始营业。这样，超过 18 千米的京都—大津间的路程缩短至约 10 千米。有许多朝鲜工人从事这一工程的建设。在京都周边的土木工程建设中，从 20 世纪 10 年代日本对朝鲜半岛进行殖民地统治开始，就随处可见朝鲜工人的身影（《京都滋贺铁道的历史》）。

新的山科站开业时，四处分布的灌木丛就被隔开了。对位于南面的竹鼻的历史进行综合研究的佐贯伍一郎称，在安朱南宅第被称为长乐园的租房人是"以领取月工资的城市劳动者为对象的山科最初的集体租户"。大概从这个时候开始，山科的工厂和公司住宅急速增加。

木食正禅与梅香庵的"量救水井"

从山科站前的交叉路口往西约走 300 米，有一个离开五条的路标。宝永四年（1707）建成后它是从三条街（东海道）到五条街、涉谷街道的近道。离开五条街往西走不久，路就与新敷设的东海道即国道一号线合并。从国道一号线一直往西北走，有一段陡坡。这里是日冈岭，这条路开通是在幕末庆应年间。在此之前，在钻过东海道线的高架桥下北上 100 米左右的地方往左拐的小道就是旧东海道（旧日冈岭）。现在，它是单行线，勉强可通行一辆车。我们不能想象往日的情景，但这条路在江户时代曾多次反复整修以方便牛马通行。其中最大的一次是享保十九年（1734）由木食正禅（养阿）发起请愿的整修工程（《东海道日冈坡木食正禅的道路改修事业》）。

人们将拒绝食肉甚至谷物的修行木食行的僧人称为"木食上人"。与丰臣秀吉关系密切的木食应其到全国四处游走，留下原生态十足的木造佛像的圆空就是其中的代表人物。其中，活跃在 18 世纪的木食养阿也被称为"正禅"，因整修狸谷不动院和五条坂安详院而知名。正禅一边用托钵募集捐款，一边进行寺院的整修和街道的土木工事。他是江户时代京都劝进圣的代表。

宝永三年（1706）对通过山科的三条街（东海道）也进行过

一次整修。正禅从享保十九年至元文元年（1736），进行了旧日冈岭（原来是三条街的难关）的修建工程。这次整修削去斜坡高的路面，填高坡度低的地方，大大缓解了斜坡度，使运送大米等货物的牛车顺利通行。

顺着正禅整修的坡路往前走，前方有个叫作"龟水不动尊"的小祠堂。这里曾有个名为梅香庵的庵，据说是正禅生活的场所。据说正禅为游人在梅香庵挖了一口井，并把庵作为休息的地方，但现在已找不到踪影。传说中的安在叫作"量救水井"上的大水钵在现在的椿山庄（即东京都文京区，出自《车石》一书）。

龟水不动尊（梅香庵旧址）

新日冈岭的开凿

从东海道的高架桥下到旧日冈岭，不要往右拐，沿着国道往西北方向走，这里是当年庆应年间开凿的新日冈岭。

在幕末开凿新日冈岭，其理由是显而易见的。江户幕府的统治已发生动摇，抱持各种政治目的的团体汇集京都，粮食等各种生活物资出现了短缺。开港以来，生丝等出口物品价格飞涨，这也加剧了京都各种物价的高涨。另一方面，《安政五国条约》中预定兵库（现在的神户）开港已经面临很大困难。高举尊王攘夷旗帜的长州藩与欧美列强在下关发生交战，列强的舰船进入兵库施加压力。从东北、北陆来的物资很难安全运送到大阪（甚至京都）。这种情况进一步加剧京都物价的高涨。

值得注意的是，从濑户内海以外来的物流，亦即曾经繁忙的经由琵琶湖路线的物资筹措。不过，在这个时候难以解决的是逢坂越和日冈岭的问题。因此，在庆应年间就实施了逢坂岭的开凿和日冈岭的新路开凿。在逢坂岭，通过整修，岭的最高点下降了6米（《车石》）。另外，开凿困难的日冈岭就是开凿新的路，以减轻牛马的负担。从日冈岭到京都附近的另一个岭——粟田口岭的开凿也在计划中（《日冈岭新道替换图面》）。提出新道开凿方案和四处奔走筹措资金的是町奉行"与力"[1]平塚飘斋，他已发现自天保饥荒以来，京都的物流出现了问题（《城州日冈岭新道图记》，桶爪修《幕末期京津间的物资流通》）。

名号石与题目石

明治维新以后，经过山科被雇佣的法国人乔治·卜思科对游人走土路而装饰漂亮的车走车道的现象非常感兴趣。不过，数年后，采用西方的道路铺设技术后，车石开始撤除。人们将各处撤去的车石作为纪念品。于1876年（明治九年）规划、第二年竣工的日冈岭改建工程，采用了西式铺路法，扩宽新的日冈岭，开凿后在道路两旁挖侧沟，用压路机压平小石头，平整土地。

沿国道走坡路，在三条街北侧有地铁御陵站的一个出入口。这里有一块石碑，表示在这一带曾有一家专为琵琶湖水渠建设服务而建造的砖厂。如在一灯园前看到的那样，我们只知道琵琶湖水渠采用了大量的砖，但并不知道这里使用了京都监狱囚徒

---

1 在江户时代，"与力"是奉行、警卫等部门的辅佐官员，负责江户市内的行政、警察和审判工作。——译注

作为劳动力。根据缬缬末雄氏的研究，在水渠工程建设时出现的牺牲者中有囚徒，但在粟田口的殉难者碑中并没有刻上他们的名字。

从御陵站沿国道继续走坡路，有一个巨大的石碑引人注目。这是刻有"南无阿弥陀佛"的名号石和刻有"南无妙法莲华经"的题目石。据传，这些石碑是木食正禅为附近的粟田口刑场和无缘墓等死者做佛事而建造的。因此，它原本建在别的场所，但从

名号石

名号石的中间有削凿的痕迹来看，应该是在明治初年"废佛毁释"中被废弃的碑。1933 年（昭和八年）在整修国道一号线时才复原的。

从名号石、题目石继续往西北方向走不久，有一个 1933 年立的京津国道改良工事纪念碑。纪念碑的基坛采用了精心改造成列状的车石，碑的北面还有牛车轮碾压痕迹而形成的沟。

慰灵碑：粟田口刑场旧址

在国道（新日冈岭）与旧三条街（旧日冈岭）交会的一带有一个车石广场。这里有经艺术处理而复原的装运米袋的牛货车。它的北侧有标识粟田口刑场旧址的慰灵碑和 1877 年（明治十年）竣工时整修工程的修路碑。在这一带，两侧紧挨着山，是从东面进入京都市街的人们最后的避难所。粟田口刑场也在这一带，随着改建工程的进展，发掘出了许多人骨。慰灵碑即为此而立。

从粟田口刑场旧址往西北走，有一个蹴上净水场。从那一带开始就是广阔的京都市街。从幕末到明治时期，建造了许多木制的民宿。旅客可以卸下行李入住。还有，前述的琵琶湖水渠从这一带流进地面，曾经帮助船只航行的倾斜托运道被保存了下来。在倾斜托运道前面有前述的殉难者碑，顺着倾斜托运道往下行进入南禅寺地盘内，这里有让水渠北上的水路阁。考虑到水渠是在水路阁上面流动的，即便是往上看的水路阁也比琵琶湖水面低。水渠往北走最后流入松崎。在京都，水是流向南方的，这是因为人工水渠改变了水流的方向。

第十三章

古典文学与岚山、
嵯峨野的近代

在作为贵族别墅的岚山、嵯峨野里，有祇王寺、泷口寺等寺院，它们到了近代得以复兴。在这些寺院里发生了许多古典文学中的悲壮的爱情故事。下面我们参观一下那些体现京都女性特色的景观。

在岚山和嵯峨野散步，从 JR 山阴本线"嵯峨岚山站"出发。去渡月
桥，从"阪急岚山站"出发徒步 7 分钟。从京福电铁岚山线"岚山站"
出发，徒步 5 分钟。

京都名所：岚山夜静樱满开

秋里篱岛《都名所图会》（安永九年）的岚山、法轮寺、渡月桥的插图以大堰川为固定地点，从渡月桥、西岸的岚山鸟瞰法轮寺、在山麓的西行樱。在近世，说起岚山会立刻在脑海中浮现它的风景。在近世京都市街的风景大多是从西山上空鸟瞰东山所得。在近江，将濑田川周边西北的三井寺、比良山系等近江八景一起描绘是惯例，如歌舞伎的定型那样，它已成为名所固定不变的风景。

插图里呈现了藤原俊成被吟唱的和歌"幽静山麓小院寺，岚山夜静樱满开，明月悄悄草庵来"（《玉叶集》）中所描绘的，岚山山腰的山樱盛开时无与伦比的美丽景观。到现代，大堰川的右岸只剩下死气沉沉的裸露岩石的《歌枕》[1] 中户无濑的瀑布，左岸人们在三轩茶屋的河边摆放长凳欣赏樱花。岚山在明治四年（1871）颁布"上缴土地令"之前一直是天龙寺的领地。天龙寺在京都所司代的管辖之下，管理岚山的樱花。同样，渡月桥的修缮、赏花季节时河岸边生意兴隆的日切茶店也在天龙寺的管理之下。

近年，在大堰川左岸发掘出了许多经京都市调查认定的平安

1　古代原指作和歌的重要参考书，书中收录枕词和名胜等作和歌时必须了解的事项，后指和歌中常用的各藩国的地名和名胜。——译注

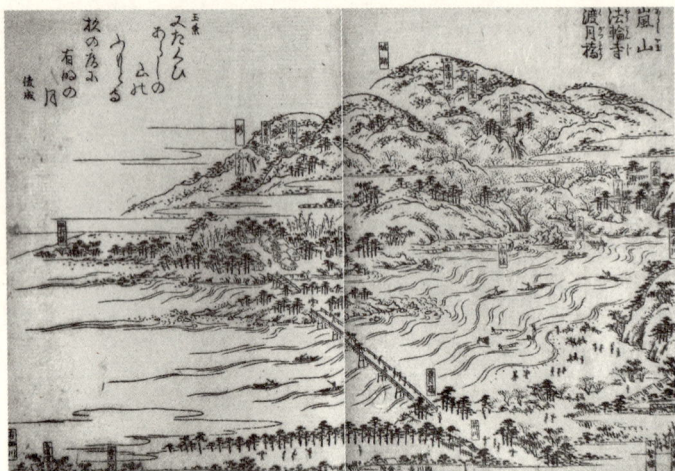

岚山、法轮寺、渡月桥
出自《都名所图会》
图片提供：京都市历史资料馆

时代、镰仓时代的龟山殿庭园遗址和建筑物。从左岸到能远眺大堰川对岸令人喜爱的岚山樱花和枫叶的这一带，是自平安时代以来贵族的别墅之地，也一直是代表京都的名所。前近代大多数的京都名所像古代天皇登高处观国那样，让人回忆起作为伴随着朝廷的和歌、能乐、艺能等繁华的文化"名所"，是平民百姓游玩的地方。

1890 年（明治二十二年）4 月，明治天皇出席琵琶湖水渠开通仪式，派遣西四辻公业、广幡忠朝两位侍从乘车前往岚山。北垣国道派遣两名代理人先行到小仓山山顶，一行人眺望龟山院种植的岚山樱树，回到东京后侍从将此情况上奏明治天皇。天皇再次派遣使者作为乘车远游前往樱花的名所和历史名所，并期待聆听他们的报告。代理人参观名所等同于天子亲临名所。据说明治天皇对王朝的名所充满怀旧之情。泉涌寺里有孝明天皇的遗物"大堰川游览、子之日樱狩图屏风"（浮田一蕙笔）。没有离开皇宫御所的近代天皇用京都的名所和风物来装饰身边的家具。

京都最具代表性的樱花

在近世初期被称为"京都向导"的《京童》（明历四年）一书里有如下的宣传，"天皇将吉野樱移植于此，因此，这里是神明垂迹的地方"。吉野樱花自江户时代开始即为人们熟知。它是日本最重要的樱花，是藏王权现的神树。这里曾有樱树之神出现于此，是龟山院将此樱树移种于岚山的缘由。天海向德川家康建议将岚山的山樱移种至江户的新名所飞鸟山或上野。岚山樱花是首都文化的象征，这种有深厚渊源的樱花移种至江户和各地方的城下町后，不断被广泛种植。在津轻家的弘前城也有京都岚山的樱树。平安神宫的丝樱是 1895 年（明治二十八年）由远藤庸治仙台市长捐献的，它是伊达家向津轻藩主索要的京都近卫的丝樱，这种丝樱和从吉野移种的樱花——岚山山樱，是前近代京都最具代表性的樱花。

在室町时代的谣曲《西行樱》里，当隐居于西山的西行讨厌都城人的"贵贱群集"时，樱花精灵就会出现，他一边咏唱和歌"春绿锦绣登高处，京城满开忘归家，眼前一片柳樱花"，一边起舞，或眼望都城，用手指点樱花的名所。御所的八重樱、近卫殿的丝樱、千本樱、毘沙门堂、东山黑谷、下河原、华顶山、清水地主樱，以及眼下岚山、户无濑瀑布、室町时期的樱花名所尽收眼底。现在从岚山右岸的法轮寺南下爱宕道 1000 米的地方，有不知经过多少代的东京染井吉野樱花的西行樱。《拾遗都名所图绘》中所说的，在法轮寺之南的樱花，不过是西行樱的一种。与西行有因缘的庵和樱花在京都还有多处。

在大堰川两岸，作为街树种植的东京染井吉野樱花是近代新的樱花。幕末时期，在江户近郊的染井村，由大岛樱（野樱）和江户彼岸樱（家樱）杂交而成。1904 年（明治三十七年）开始在京都新开地冈崎动物园种植。东京染井吉野樱花是无性系品种，采用嫁接方法扩大种植。无论哪一种东京染井吉野樱花都是由相同的遗传基因组成的，开粉红色的樱花。对此，岚山的野樱开花时，淡桃色花配上柔嫩的新叶，这种景观带有王朝文化的色彩，因而受到京都平民的喜爱。

如前所述，近世的岚山属于天龙寺的领地，在"上缴土地令"

发布后，归属京都府管理。不过在维新时期因管理混乱，曾一度荒废。1881 年（明治十四年）岩仓具视、京都府知事北垣国道、内务省社寺局长樱井能监、久迩宫朝彦亲王等成立了保护岚山、京都、近畿地方名胜与古迹的名胜保护会。岚山于 1889 年（明治二十二年）划入农林省管辖，1927 年（昭和二年）被指定为史迹名胜地，1930 年（昭和五年）成为雅致风景区（风致区域）。

昭和初期，大阪营林局种植赤松和野樱，打造风景如画的岚山风致林风景区。《歌枕》中提到的岚山名所虽然在近代不断地去神话化，但同时在近代的政治与文化中被赋予了新的女性特色和古典文学韵味。

《平家物语》中的逸闻

漫步岚山、嵯峨野看花，不妨从渡月桥开始。

从渡月桥北端再往上游走，有一座琴闻桥，它是明治前期在车折神社顿宫前建造的石桥。高仓天皇宠爱的小督因被平清盛冷落而隐居嵯峨野。源仲国受天皇之命骑马前往迎接小督时，从东屋传来了小督的琴曲调。这是《平家物语》中的逸闻。不过，在明治前期长崎大学附属图书馆所藏的，渡月桥北端茶店的旧照片里，这座琴闻桥架在渡月桥的下游。另外，从现在的琴闻桥再往上游走，作为《平家物语》视觉化的实物——小督坟，从近世以来就已存在。同样，小督的墓地也在东山的清闲寺境内的高仓天皇陵附近。

从渡月桥往东走看到的，现在的岚山保养所"花之家"是元

明治时期渡月桥北端
图片提供：长崎大学附属图书馆

角仓宅第。渡月桥东面的京都嵯峨艺术大学一带即从丹波流下来的木材存放场，是西高濑川河水从太秦往东流顺着三条街运送到京都市内的千本街。

在角仓宅第北侧有直到 1944 年才最后确定下来的天皇陵——南朝的长庆天皇陵。在京都的天皇陵，从平安时代到江户时代，由于采用火葬或薄葬的佛教仪式的墓制，实际上未被确定的陵墓比古坟时代还要多，作为最后被确认的天皇陵就是长庆天皇陵。黑板胜美和西田直二郎等委员在宫内省临时陵墓调查委员会里，从全国 57 所长庆天皇陵传说地中推定嵯峨天龙寺塔头庆寿院作为长庆天皇陵，建造圆土堆。例如，从洛西小盐山撒骨灰的淳和天皇陵是一个建在山顶上很气派的圆形土堆，不过，这里也有可存疑的地方。

敷设铁路：京都近郊大众文化的繁荣

嵯峨野、岚山敷设铁路后，这里成了从近世的名所到京阪神当天往返的旅游地。在这之前，二条—嵯峨间的铁路于 1897 年（明治三十年）开业。京都铁道从草创时期开始，每到开花季节，游客很多，车厢都处于满员状态。从嵯峨站到渡月桥的礼品店出售用樱树做的木制工艺品、嵯峨烧饼、天龙寺纳豆、有名为小督的白粉、丸子以及大堰川怪石。到了夏天，甚至还有萤火虫、伯氏树蛙[1]出售。

天龙寺门前有岚山站，1910年（明治四十三年）3月，从四条大宫到岚山终点站的电车开通。岚山电车最初是以四条堀川西为起点，每隔5分钟发车一辆，约20分钟到达终点站岚山。在岚山电车股份公司创业时的《沿线名所向导》宣传手册里，介绍了春天的樱花、秋天的红叶，还有公司建造的和洋结合风格的花园，里边有少年音乐队，同时岚峡馆、瓢亭的支店等也宣传周边的旅馆和饭馆。到了夏天，有关人士还为游人提供折凳、游船、放烟花时的纳凉船。

在岚山站的对面还有战前的饮食行业工会的木造建筑物，餐馆里有艺伎。法轮寺门前的鸡市场里的鸡火锅[2]很有名，现在还能看到昭和初年时的样子，在第二层还有艺伎使用过的太鼓[3]。

大堰川右岸的阪急岚山线是新京阪铁道为迎接昭和大典而敷

---

1 日语称"河鹿蛙"，青蛙科蛙，长约5厘米，雄蛙叫声优美动听。——译注
2 把鸡、畜类的肉跟豆腐、葱、粉条等一起放在平底铁锅里，边煮边食的日本特色菜肴。——译注
3 在用木、金属、葫芦等制成的框上蒙以皮革，用鼓槌或手击打的乐器。——译注

设的。1928年（昭和三年）11月1日开业时，大阪天神桥是起点站，京都的西院为终点站。11月9日，从桂到岚山的支线开通。在清凉寺东侧，有一条宽阔而平缓弯曲的观光公路延伸至清泷。这里是从岚山经过清泷隧道到清泷的爱宕山铁道线（1929～1944）的旧地。从清泷到爱宕有2000多米的钢索铁道，有酒店、游乐场，是昭和战前京都近郊大众文化的繁荣之地。

招魂社和忠魂碑

从渡月桥前往清凉寺门前的爱宕道自古以来就是嵯峨的中心。山田邦和氏把从大堰川到清凉寺一带的嵯峨视为后嵯峨天皇龟山院政时期（1247～1272）开始的中世京都的卫星城市，有自治城市的特点。

临济宗天龙寺派大本山天龙寺的场所是大堰川左岸的风景地，天龙寺大方丈前的池泉环游式庭园取景龟山和岚山。它起源于9世纪檀林皇后（嵯峨天皇皇后橘嘉智子）的檀林寺。檀林皇后是有名的美女，其即将腐烂的脆弱的遗体在《九相图》中也有描绘。在镰仓时代，后嵯峨天皇兴建龟山殿，龟山后宇多院也在此地的别墅游玩。足利尊氏在梦窗疏石的建议下建造天龙寺以祭拜后醍醍天皇的菩提。元治元年（1864）发生的禁门之变中，天龙寺因为是长州藩攻入御所的大本营，被萨摩藩放火烧毁。在天龙寺的北侧，有后嵯峨和龟山两天皇陵（宫内厅管辖）佛教仪式的方形堂。在参拜路旁，是纪念碑集中的场所，有战死者的招魂社和日俄战争的忠魂碑，以及 1939 年（昭和十四年）后醍醐天皇 600 年祭的南朝显彰纪念碑。

在前往清凉寺的途中，有嵯峨小学。与它毗邻的右京区政厅嵯峨办事处在 1883 ~ 1931 年（明治十六年至昭和六年）是嵯峨村（町）公务所。嵯峨小学校门前有染井吉野樱花古树。

江户时代的嵯峨野观光以爱宕道为中心。去爱宕道需经过十三参的法轮寺、天龙寺和拥有仿造释迦牟尼"生身尊像"的清凉寺的释迦堂（《都名所图会》）。京都御幸町三条上"浪花讲御定宿，松屋吉兵卫"在分发给每位旅客的《京都向导图》中描绘，释迦堂门前的三岔路口是嵯峨的中心，与从三条街往东前往京都市内的道路和经过松尾、法轮寺、岚山、天龙寺、释迦堂到清泷、爱宕山的爱宕路交会。门前有曾经繁荣的旅馆的遗迹，还有爱宕石灯笼以及从近世到昭和时期三宅安兵卫碑的路标和森嘉的豆腐店。

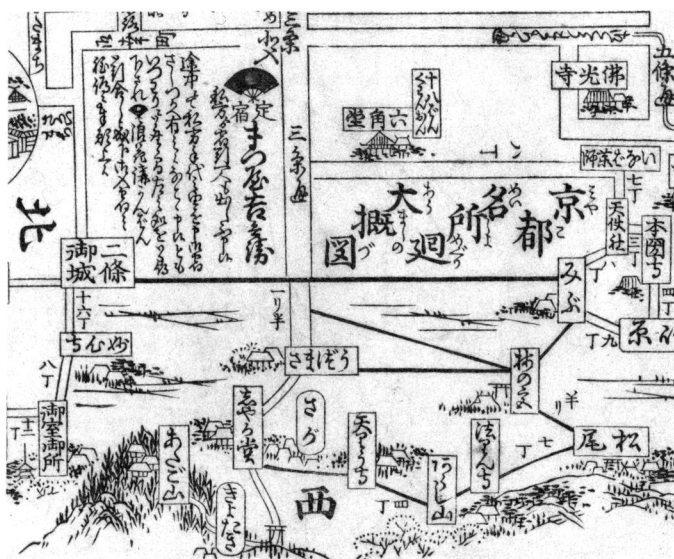

松屋吉兵卫《京都向导图》（江户时期）

清凉寺是永延元年（987）从宋朝归来的奝然[1]计划在源融的别墅——栖霞观的旧址上建立的。在本堂有隐元笔的"旃檀瑞像"的匾额，本尊是在中国模刻印度的、从三国传来的释迦如来像。这个释迦像凝聚着人们的信仰，作为清凉寺的统一形象在全国制造了许多的仿造像。在宝物馆，保藏了平安时期木造阿弥陀如来及两旁侍坐像等优质品。寺内有供奉嵯峨天皇、檀林皇后、源融

---

1 （？～1016），平安中期的僧人，京都人，983年入狱，归国后在嵯峨修建清凉寺，未成，后由弟子修建完成。——译注

的宝箧印塔，明治时期住在京都的山阶宫晃亲王给予源融的供养塔很高的赞誉。在狂言堂里，每年 4 月都演出讲述因与孩子离别而母亲发狂的谣曲《百万》等大念佛狂言。

在清凉寺的西邻有宝筐院，幕末时成了废寺。1891 年（明治二十四年）京都府知事北垣国道在此建造了彰显楠木正行的钦忠碑（谷铁臣撰文），高木龙渊天龙寺管长、实业家川崎芳太郎、画家富冈铁斋等人于 1916 年（大正五年）重建此寺院。战前每到小楠公的忌日，嵯峨小学的儿童以小楠公的武者姿态进行列队游行。

祇王寺的美丽庵主

早在江户时代，《平家物语》《源氏物语》里就已出现了嵯峨野名所。在《京童》里，有关"往生院"（祇王寺）的记述，除了"这里是清盛宠爱的同胞舞女——祇王（姊）和祇女（妹），最终改变主意，剪掉发髻当佛的舞女的地方"外，还有泷口入道与横笛以悲剧告终的爱情故事。

在 18 世纪存在的往生院、三宝院（泷口寺），后来遭到废弃。祇王寺和泷口寺到了近代得以复兴。京都府知事北垣国道对岚山、嵯峨野的景观建设贡献很大。例如，1895 年（明治二十八

祇王寺草庵
图片提供：小川康贵氏

年）在纪念平安迁都 1100 年的活动中，嵯峨村村长野路井孝、井上与一郎、小林吉明等人和大觉寺门迹楠玉谛等人在组织重建明治维新后被废弃的祇王寺时说："北垣男爵为祇王兴建水利的事迹深为感动，将自家别墅中的一栋与榻榻米门窗隔扇一起捐献出来"（《嵯峨志》）。可见，祇王责令平清盛在野洲郡祇王村引水的故事确实令负责琵琶湖水渠工程的北垣国道感动至深。1902 年（明治三十五年），重现后的祇王寺展现了《平家物语》里的平清盛、祇王、祇女、佛御前的故事（《洛西景胜记》）。在滋贺县野洲市的妓王寺里，保存着北垣国道、《京都日出新闻》记者金子静枝、富冈铁斋等人联名签署的捐款倡议书。

1895 年这一年，在平安迁都纪念活动协助会会员颁布的《京都名所清单》（村上勘兵卫）里，对嵯峨野有如下记述：（作为）"小仓山龟山近旁之称为古来之名所"，"前中书王之菀裘（兼明亲王的隐居地）、融公之别墅、定家厌离庵、祇王祇女、横笛、勾当内侍（泷口寺）、小督局等不胜枚举"。出现在古典文学《平家物语》《太平记》里的名所嵯峨野进入了人们的视野。

如果重建祇王寺，那么古典文学里的世界会视觉化地呈现在人们眼前，人们可以漫步其中。在 1919 年（大正八年）10 月的奈良女子高等师范学校修学旅行（《京都滋贺地方修学旅行记录》文科 3 年）里有位女生有如下记录："挂着往生院、祇王寺的小牌，里边有轴扇围墙，正在燃着红色的嫩叶。漫步胡枝子庭院，从外廊请求向导时，出来一位老尼，用力打开隔窗门，说'请进'。我想，在佛御前也可以这样到访吗，一边想起平家的故事一边走进去。"

1934 年（昭和九年），智照尼（高冈辰子）进入祇王寺。她最初是祇园的舞伎，后转为新桥的艺伎，最终成为祇王寺的美丽庵主，以嵯峨野女隐者的形象赋予祇王寺以女性气质。濑户内寂听以智照尼为模型写了一本《女德》的书，寂听也于 1973 年（昭和四十八年）在天台宗大彻大悟，从 1974 年（昭和四十九年）起一直在嵯峨野经营寂庵。在寺院内，跟《太平记》有关的新田义贞公首墓碑于 1894 年（明治二十七年）由富冈铁斋兴建。得到义贞宠爱的勾当内侍的供养塔于 1932 年（昭和七年）兴建。除了有传说的平清盛、祇王的供养塔外，还有智照尼的墓地、明治时期古典文学里的有关史迹、调查研究日本古代美术史的金子静枝的墓地。

关于泷口寺，1894 年（明治二十七年）高山樗牛取材于《平家物语》的小说《泷口入道》成了畅销书。小说描述了建礼门院的下级女官横笛和武士泷口时赖之间身份悬殊的恋情遭到父亲的反对后，泷口时赖出家往生院的故事。乘 1895 年第四届博览会举办期间产生的旅游热来访的游客中，想必有许多年轻游客手里拿着这本书参观嵯峨野。昭和初期，泷口寺由演奏长呗的杵屋左吉重建。在祇王寺东面的檀林寺是昭和三十年代（1955~1964）在远离平安时代檀林寺遗址的地方重建的。厌离庵被认定为藤原定家的小仓山山庄旧址，于 1910 年（明治四十三年）修建，山冈铁舟的女儿素心尼担任住持。

嵯峨野：在日本古典文学里大放光彩

从祇王寺往南走，有天台宗的二尊院。二尊院的寺号来自本尊派遣的释迦如来像与来迎的阿弥陀如来像的二尊佛像。从京都市内看嵯峨野位于六道的十字路口的西面，是往生之地。以二条家为例，从享保时期的二条纲平的宝箧印塔到幕末的关白二条齐敬的佛式墓，直到近代的二条家的神式合葬的圆形坟墓，墓地的形式不断发生变化。在二尊院，除了二条鹰司的摄政家，还有三条、四条、三条西等公家的坟墓。此外，伊藤仁斋、伊藤东涯、角仓了以、素庵、医生香川家、福井家等墓地也在这里。

在 17 世纪《京童》中的"野宫"中，有对《百人一首》感兴趣的女御[1]的插图，讲述《源氏物语》中六条御息所与女儿斋宫[2]一起出门时，与光源氏依依惜别的故事。不过，在介绍岚山轨道交通的《沿路名所向导》（1910）里没有祇王寺、泷口寺、野宫神社的记载。明治时期的野宫神社与嵯峨释迦堂等名所相比不是一般的神社，我们没有看到《源氏物语》的《贤木》卷中斋宫现身的场面。这可能与《源氏物语》在近代被看作"不敬"之书，在道德上被疏远有一定的关系。

以战后朝日新闻社《朝日相片册 嵯峨野》（1955）为例，在

---

1 地位仅次于皇后和中宫的较高级的女官。——译注
2 《源氏物语》中的虚构人物。——译注

野宫，出现了《源氏物语》"与六条御息所成为斋宫[1]的姬君待在这里时，虽然光源氏经过这里，但因薄情的分别而成为寂寞的亡灵"的记述。今天，这里作为保佑姻缘的神社，经常有年轻人光顾。在战后被强调的《源氏物语》中的斋宫[2]和野宫神社结合的意向也在野宫神社的斋宫行列中体现出来。为振兴旅游业而创造出来的"斋宫梦行列"以2005年（平成十七年）为契机，改名为"斋宫行列"，使得旅游业得到实质性的发展。

20世纪普及食用的孟宗竹（竹笋）来自嵯峨野的代表性景观——作为王朝的"斋宫行列"背景的竹林。5月的第三个星期天在大堰川重现平安时代游船的三船祭，也始于1928年（昭和三年）的昭和大典。

为什么到了近现代，祇王、祇女、佛御前、横笛、小督、勾当内侍等《平家物语》《太平记》等日本古典文学的女性文化受到重视呢？这是因为到近现代，人们将平安时期的贵族文化视为日本固有的优良文化。

1　指天皇即位时被选为在伊势神宫侍奉的未婚内亲王（公主）或其他皇族女性，始于崇神天皇，一直延续到后醍醐天皇。——译注

2　这里指斋王居住的宫殿。——译注

我们不妨看一下 1964 年（昭和三十九年）发行的每日新闻京都支局编的《嵯峨野》的封面图片——一张名为"通向直指庵之路"的照片。这是一张很普通的照片，在竹林中，只有土路，与全国各地的竹林没有什么区别。然而，它正是在日本古典文学里大放光彩的嵯峨野。

《嵯峨野》，每日新闻京都支局编，淡交社刊

第十四章

与幽栖共生的乡村：京都北郊岩仓

在日本有许多据传可以治疗病痛、缓解疲劳的温泉与急流。以大云寺的阏伽井为起源的岩仓地区医疗在现代社会中被重新发现。

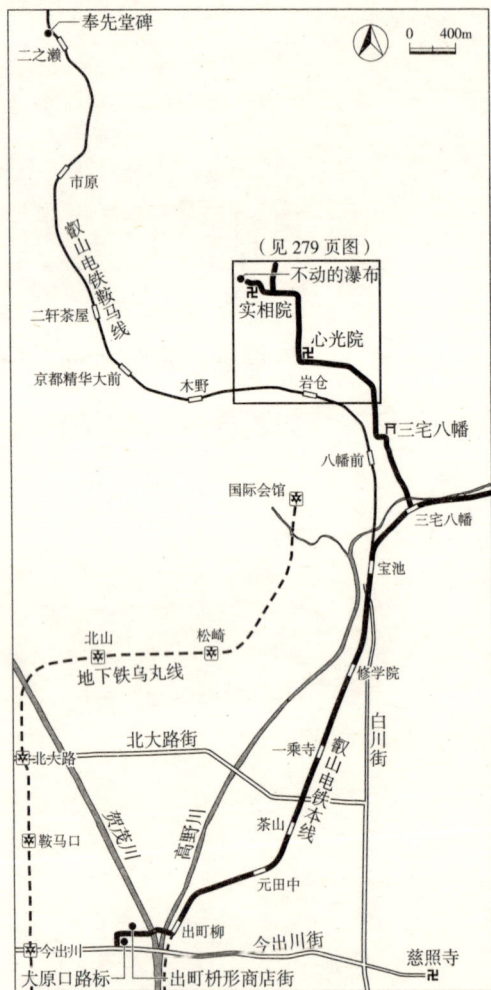

奉先堂碑
二之瀬
市原
叡山电铁鞍马线
二轩茶屋
京都精华大前
木野
（见 279 页图）
不动的瀑布
实相院
心光院
岩仓
三宅八幡
八幡前
国际会馆
三宅八幡
宝池
北山
松崎
地下铁乌丸线
修学院
白川街
北大路街
一乘寺
叡山电铁本线
北大路
鞍马口
三铁铁道
贺茂川
茶山
元田中
今出川
大原口路标
出町柳
今出川街
出町枡形商店街
慈照寺

0 400m

前往寺町今出川（大原口路标），在京阪鸭东线"出町柳站"，
或叡山电铁本线"出町柳站"下车，徒步 8 分钟；或者从地
铁乌丸线"今出川站"出发，徒步 10 分钟。

"京七口"之一的大原口

从平安京的东北角往北走300米左右，是现在的今出川街寺町的交叉路口一带。在这里，有丰臣秀吉时代的御土墙和从洛中到洛外的出口。这就是"京七口"之一的大原口。

据说，自镰仓时代以后，大原口成为朝廷为征收通行费用（关钱）以修缮内里和寺社而设立的抽税关之一。但抽税关的场所未必能够确定。抽税关在丰臣秀吉时代就消失了，不过在同一时期由于有御土墙，所以御土墙的进出口很可能是抽税关的通称。

在寺町今出川的交叉路口的东北角有大原口的路标。路标是庆应四年（明治元年）四月由须磨屋伊兵卫等人兴建的。路标显示东行至下鸭5丁[1]，至比叡山3里[2]；南行至祇园22丁，至清水29丁；西行至金阁寺30丁，至御室（仁和寺）10里；北行至今宫26丁，至鞍马2里半。许多名所与此处的距离都有记录。从功能看，它起到了充当从京内往北走的人和从京外入京的人的路标这一作用。本章就以这个路标为起点，漫步叡山电铁（叡电）沿线尤其是京北岩仓的乡里。

1　同"町"，日本古代长度单位之一，1町约等于109米。——译注

2　日本古代长度单位之一，约等于3927米。——译注

古老的商业街

从大原口路标沿着寺町街北行 100 米左右，出町枡形商店街的西侧入口。全长约 160 米、宽约 5 米的拱廊街，现在仍然因附近前来购物的顾客而显得热闹非凡。不过，据说它原先是砂糖批发商等的批发商街。在京都，也有新京极、锦市场等游客知晓的拱廊。在伏见大公司大本营或东山三条的古川町等那样的拱廊街也有不少。可是，20 世纪 80 年代，这些商业街上出现了超市的分店。为抵消超市分店给商业街带来的消极影响，人们采取了举办增进亲密接触的祭祀活动等对策。在市内各处余留的商业街，就由于人与人之间的这种联系而坚守下来。

穿过混杂人群走到出町枡形商业街东侧入口，面对河源町有豆饼老店"出町二叶"。东侧入口到河原町街的东侧叫作青龙町，从这里到贺茂川之间是一块空地，也修建了地下停车场。从青龙町能远眺比叡山等远处的东山山脉，能看到下鸭神社（贺茂御祖神社）界内的糺之森。贺茂川上有出町桥，在它的西边尽头有鲭街道口的路标。鲭街道是从若狭国小滨到京都若狭街道的别称，是人们所熟知的从日本海到运输盐腌青花鱼最近的路。大原口是走向日本海的鲭街道的起点。从前面的出町二叶沿河源町街北上，过了葵桥，在经营青花鱼寿司的"花折"店门前，有一个"由此去若狭 18 里"的广告牌。

从前述的出町桥过贺茂川在紸之森的南边，在贺茂川和高野川的交汇点有中州。在架在南面的贺茂桥对面可以远眺鸭川的美景。中州因为是许多电影拍摄的取景地而为人所知。从这里过了高野川上的河合桥就是出町柳站。

出町柳站是到大阪淀屋桥的京阪电铁和延伸至洛北北山的叡电的起点。叡电虽然是到达比叡山、岩仓、贵船、鞍马等地方的小私铁公司，但由于在秋天穿行于北山红叶之中而备受旅客的青睐。

贺茂川与高野川的交汇点

从寺町今出川到出町柳，还有一条不用北上的寺町街，从今出川街往东走，有通过贺茂大桥的通道。贺茂大桥的东北方向，有比叡山，往正东能清楚看到在如意狱里的大文字地炉。从桥上往北不远处有前面提到的贺茂川与高野川交汇的中州，往远处看有北山山脉。从桥上往南远眺，能看到京都市街地上流淌的鸭川和两岸的樱花树。

叡电：安静的郊外轨道电车

有人说，出今出川街气候就变了。据说下雪时，其积雪覆盖的景色很不一样。的确，你会发现在今出川街以北，有许多奔跑的汽车车顶上载着雪。

叡电在每年赏樱花开和红叶的季节，尤其是 10 月 22 日的鞍马火祭之夜非常热闹，但平时在上班和上学的时间段以外乘客并不多，是安静的郊外轨道电车。以前原本是京福电铁经营的，后改为由别的公司经营，叡电是现在的京阪电铁公司的子公司。

叡电从出町柳北上，在宝池分为两条路。一条是叡电本线，从宝池前往八濑比叡山的山口，在同一个车站换乘钢索铁道，甚至还可以坐空中索道直接到比叡山岭。不愧是本线，首先是专走比叡山的这条路线于 1925 年（大正十四年）开通至八濑，1928 年（昭和三年）开通至山顶。现在钢索铁道和空中索道均由京福电铁公司经营。

另一条路线则是从宝池到贵船和鞍马，于 1929 年（昭和四年）全线开通。当时由一家名为鞍马电铁的私铁公司独立经营，1942 年（昭和十七年）被京福电铁公司收购，现在被称为鞍马线。在鞍马线沿线，住宅、学校和工厂在不断增加。

八濑童子

从出町柳站到一乘寺站、修学院站一带有许多住宅地。在学生公寓集中的一乘寺，有一条称作拉面街的街道，20 世纪 80 年代以前，这里曾有一家名叫京一会馆的名画座。据说，修学院站的海拔高度与在日本堪称第一高的木造建筑物五重塔的高度相同。看上去较为平缓的京都盆地，越往北地势越高就是很好的佐证。

从出町柳站到三宅八幡，乘叡电约 10 分钟，到八濑比叡山口站约 15 分钟。从京都到比叡山换乘的八濑比叡山口站，曾经有八濑游园的游乐场，在那个时候被称为八濑游园站。八濑集聚地跟此站的西北相连。那里的村民曾被称为"八濑童子"，在经营釜浴池方面很有名。

自古以来八濑村民替比叡山延历寺僧人登山往返，而免除杂役。关于该村免除各种杂役的问题，可以追溯至建武新政受挫的建武三年（1336）前后，在凑川之战中新田义贞、楠木正成败给了足利尊氏，感受到危机的后醍醐天皇在从京都逃往比叡山。八濑村民就是因为在这个时候为天皇扛舆轿，由此获得特权。

八濑村民到了江户时代之后仍具有进入延历寺山内的入会权，具有贩卖薪炭的特权。不过，宝永五年（1708）延历寺制作的《山门结界绘图》，禁止包括女性、牛马在内的"八濑村之者"进出。因此，八濑村人向幕府请求恢复特权，他们向老中[1]秋元乔知等许多有实权的人物做工作，最终于宝永七年（1710）从幕府那里获得变相的特权。根据此时幕府裁决的特许状，在有关八濑村各位领主的领地中，除了皇宫领地之外，其余领地均置换为幕府领地，幕府则免除他们在幕府领地内的年贡诸役。新井白石曾将此事经过写入他的自传《折柴记》，根据自传的记录，将军德川家

---

1 江户幕府的官职之一，辅佐将军、总理全部政务的最高官员，定员 4～5 名，实行每月轮值制，重要事项须合议裁定。——译注

宣亲自通读裁许状，并重写裁许状。

村人们借此机会在村内的天满宫内设置祭拜秋元乔知的秋元神社，决定奉纳舞蹈。村人记录和传承这些事由的文件，现今被指定为国家重要的文化遗产（《增补八濑童子会文书》）。

返回三宅八幡站，从这里过高野川，再往北走 700 米左右有三宅八幡宫。三宅八幡亦称为"虫八幡"，作为防止孩子得脓肿虫病的咒符而知名。该寺社里还保留了从江户时代到大正时期整个町、村及同业行会奉纳绘马的习俗。保留在绘马堂里为数可观的绘马全部被指定为国家重要的有形民俗文化遗产。我们漫步在这些乡里间，可以了解许多关于近年来对八濑村的古文书、三宅八幡的绘马等平民百姓坚守下来的信仰和传承的历史的研究进展情况。

岩仓观音：大云寺

三宅八幡宫西面 100 米左右有公交车道。从这一带开始就是旧岩仓村区域。顺着公交车道往西北走 1000 米左右与岩仓中街交叉，往右折，沿着岩仓中街北上，在长谷的村落往左拐，南下就到了叡电岩仓站。下面我们再往前直走 100 米，在西面心光院的拐弯处往右拐，继续北上。

从心光院北上，有图书馆、诊疗所、JA（农协）等建筑物，这些都是旧岩仓村的中心地区。道路虽窄一些，但也有公交车进来。北上 700 米左右，就看到京都巴士的忠在地小站。这个三岔路口，有刻着"享保 12"的年号和"右 鞍马路""左 岩仓观音路"等文字的路标。"右"意味着一直往前走。在此交叉路口的数千米以北处有鞍马寺，途中有箕里岳、龙王岳。在前往箕里岳的山路途中，有修验道的古刹住心院。

"左 岩仓观音"即指大云寺。在享保年间，大云寺与鞍马齐名的名所，吸引着许多参拜者。

岩仓具视幽栖旧宅

在忠在地的三岔路口往左拐，很快就到了架在岩仓川上的目无桥，涂着鲜红油漆的栏杆给人很深的印象。路的尽头处有公交车终点站、公园、实相院的山门。但在往前走之前，先走进南面的一条小路，这是岩仓具视幽栖旧宅。1928 年（昭和三年），这里兴建了专为保管有关岩仓具视的文书和记录文件的"对岳文库"的建筑物，1932 年（昭和七年）被指定为国史遗迹旧址。

文久二年（1862），孝明天皇之妹和宫与将军德川家茂结婚（和宫降嫁）。据说，和宫在此之前跟有栖川宫炽仁亲王有婚约，为了具体推动公武合体计划，天皇亲自撮合此次婚事。不过，在朝廷内部，有许多尊王攘夷派和公家不赞同这一做法。曾推动"降嫁"一事的公卿和宫廷女官遭受谴责和威胁，尤其是久我建通、千种有文、富小路敬直、今城重子、岩仓具视、岩仓之妹岩仓堀河纪子被称为"四奸二嫔"，成为攻击的目标，最后还受到"禁闭"（软禁在家——译注）处分。在岩仓宅第还发生千种有文的家臣贺川肇的左臂被打伤事件，深感自身所处险境的岩仓具视辞去宫廷职务，先后逃往西贺茂灵源寺、洛西西芳寺和洛北岩仓隐匿藏身。他当时在洛北岩仓藏身的地方就是这间宅第。

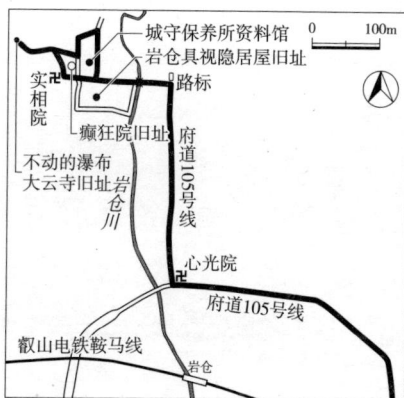

岩仓具视隐居地周边图

岩仓以及洛北的村落有接受京都市内的公家、大财主寄养孩子的习俗。有人认为，这种习俗可能是一种让公家子弟在环境优良的农村健康成长的智慧的体现。据说岩仓具视也有过被寄养在农村的经历。

后来，政治形势发生了变化。萨摩藩和朝廷内外的有志之士到访岩仓隐居地，商量各种政治谋划。不过，这种政治谋划可能不符合孝明天皇之意，对他的禁闭没有被解除。庆应二年（1866）十二月，他之所以被怀疑暗杀孝明天皇，就跟上述事情有关。解除对岩仓具视的禁闭处罚是在"大政奉还"[1]之后。

在岩仓禁闭地曾设有监视的哨兵。据传，那时想造访岩仓具视的藤井九成、宇田栗园打算从邻居的藤屋冈山家出入，为避免被怀疑，藤井装成"癫狂人"（精神病患者），宇田装成医生（《岩仓村与岩仓公》）。

再回到忠在地巴士站前的公园，在尽头处是实相院的山门。

13 世纪发生应仁之乱后，在紫野创建的实相院迁到岩仓这个

1　江户幕府第 15 代将军德川庆喜于 1867 年 10 月 14 日将政权归还给朝廷的事件。——译注

x

地方，是为了躲避战乱。据传现在看到的本堂是江户时代前期东山天皇的中宫女院御所迁移过来的。近年来，因"地板红叶"吸引了众多的游客。

大云寺：此世的极乐净土

在安永九年（1780）发行的《都名所图会》中，描绘了北岩仓大云寺壮阔的全景图。大云寺建于 10 世纪前后，是天台宗最有影响力的寺院。叙述其来历的梵钟来自比叡山西塔，已被指定为国宝，但曾一度去向不明，现在被民间的博物馆收藏。本尊是十一面观音，相传为奈良时代的高僧行基所做。因为观音院是冷泉天皇的中宫昌子内亲王在山内建造，因而被称为"岩仓观音院"。

不过，当天台宗内部发生山门派（延历寺）与寺门派（园城寺）严重对立后，执掌园城寺长吏的高僧智弁（余庆）率领僧侣投靠而成为寺门派的据点，曾几度遭遇战火摧毁。12 世纪又遭到延历寺僧侣的攻击，伽蓝全部被毁。

大云寺从战国时代到织田信长时代曾多次被毁，已不复往日的辉煌。但江户时代，于应仁之乱后迁移至此地的实相院帮助重建大云寺，而重建之后的大云寺便在实相院的支配之下。

17 世纪后期，井原西鹤描绘了"好色一代女"在被称为"此世的极乐净土"的大云寺中，一边遥看五百罗汉一边回想一个个男人的情景。可以推想，这个时候大云寺的重建大体已完成，成为洛中有名的寺院。《都名所图会》里描绘了以紫云山为背景的大云寺的壮丽景观，那么五百罗汉该安置在其中的什么地方呢？在寺院内，到处都有参拜大云寺观音堂、智弁水（阏伽井香水）、不动的瀑布等人们必看的景点。在本堂前的石阶梯下有"笼屋"，不少人在此驻足观看。

大云寺"笼屋"
出自《都名所图会》
图片提供：京都市历史资料馆

喝御香水治眼疾

被认为是大云寺制作的《御香水之由来》记述了后三条天皇

的女儿佳子内亲王曾经"心境无常"，而在服用了此香水（智弁水）向观音祈祷后迅速痊愈的故事。因此，它吸引了许多慕名而来的"狂气者、眼病人"。佳子内亲王曾一度执掌贺茂斋院，后因病辞任。此事记录在《荣花物语》中，但实际上，亲王是否真的来过大云寺仍存疑。

这样看来，在大云寺，肯定有不少来自全国各地的有精神病或有眼疾的人到访、滞留。笼屋建在观音堂旁边，滞留者喝香水，接受不动的瀑布的拍打，病情得以治愈。岩仓距离洛中不远，可以步行往返。夏天凉爽，周围是山峦和田野，恬静安宁。而且，这里的村人有接受公家子弟寄养孩子的习俗，因此，对病人的滞留较为理解。

接收患者的茶屋

据说，北山的岩屋山志明院也建造设施，以解决患病参拜者的住宿问题。在寺社内，有为各种各样谋求神佛恩惠的参拜者提供住宿的地方。

岩仓出身的中村治氏一直对此地区进行研究。根据他的研究，来大云寺参拜者增多的契机之一是元禄三年（1690）的本尊开龛[1]。大云寺的本尊在战国时期末期曾被密封保存，其开龛格外引人关注，出现了100家以上的茶屋。在大云寺的"日记"里，看到开龛不久，就有有关治疗眼疾的参拜者来访的记录。那个时候，已经有观音画像的拉板和泷垢离场的描绘。可见，大云寺（或者与其经营者有密切关系的实相院）也积极接纳参拜者。

最初，大云寺修建了本堂参笼所，由公务僧人经营。公务僧人是岩仓的农民行会，自古以来由拥有直系血统的农家构成，参与大云寺的经营管理。不过，到了18世纪后期，寺院内出现了作为常设机构接收直接到访者的茶屋。松屋（上田家）、万足屋、若狭屋（城守家）、车屋（今井家）就是这样的茶屋，从18世纪末到19世纪，这些茶屋相继增建或重建。在文政年间参笼所归茶屋管理。

到访者的增加，扩大了茶屋的经营规模，也增加了被称为"强力"的看护人的人数。看护人大多是近邻的村民，时常被怀疑虐待患者，因而常常被取缔。到了明治维新后文明开化时期，这种情况受到关注，最后茶屋直接接收患者的做法被取缔。不过，

---

1 寺院在特定的日子里打开佛龛的门，让普通民众礼拜本尊佛像。——译注

作为替代的方法，京都府尝试在东山的南禅寺设立京都癫狂院，当这种尝试受挫后，患者又开始返回岩仓。

岩仓癫狂院

京都癫狂院的尝试受挫后，岩仓村想继续癫狂院的尝试。也许他们认为，与其采用以往茶屋的形式，不如采用现代化医院的形式。中村治氏将岩仓癫狂院的地址选在实相院前的公园一带。岩仓癫狂院设有保养室。保养室迄今为止由经营茶屋的今井家、城守家、冈山家负责。保养室表面上是医院的形式，而实际上是恢复原来由茶屋包办的做法，可以说是一种苦肉计。最后，茶屋经营者没多久也脱离了岩仓癫狂院，独立设置保养所。其后，医院化的精神治疗逐渐定型。癫狂院于1892年（明治二十五年）改称岩仓精神病院，1899年（明治三十二年），移至东侧大概50米的地方，1905年（明治三十八年）改称岩仓医院。1907年（明治四十年）因火灾被烧毁。1909年（明治四十二年），医院移至实相院南侧的丘陵地。

在岩仓，精神医院和保养所（旧茶屋）是一体的。由于熟悉精神治疗的方法，所以外地尤其是西日本的患者接踵而来。另外，到了20世纪20年代，现代化医院的精神治疗被发现有其局限性，因而比较重视家人看护（家庭看护）和开放式治疗方式。岩仓是较早地尝试这种做法的地区。精神医疗的权威吴秀三、岩仓医院院长土屋荣吉等人将医院与保养所（旧茶屋）合二为一的方式作为世界先进事例进行积极推广。可是，随着1945年（昭和二十年）亚洲太平洋战争的战局不断恶化，陆军接收了岩仓医院，该医院的精神治疗的历史就此落下帷幕。

衰微的大云寺

我们从曾经有癫狂院的公园再一次看远处的面向岩仓具视禁闭旧宅的小巷，发现旧宅的北侧有岩仓医院新的一栋医院楼。这家医院不是1945年之前的岩仓医院，而是旧茶屋的冈山家在战后发展起来的。该医院至今在开放医疗方面颇有知名度。藤井九成在哨兵的眼皮底下与岩仓具视会见的地点就在冈山家。

另外，在公园的北侧，还有作为保养所使用的某家的建筑物。从该建筑物侧面走西北方向的狭小坡道，就看到了北山医院，该医院原先是旧茶屋的城守家在战后发展起来的。在坡高的地方，有不动的瀑布和香水（智弁水）的井。这是为数很少的能让人想起大云寺的遗迹。在原来的大云寺的旧址有老人护理设施。

穿过医院和老人护理设施中间的空地往东返回，有大云寺的镇守社——石座神社。衰微的大云寺就默默地坐落于石座神社的东面。

城守保养所资料馆

不要从大云寺返回前面的公园，再沿着路的东侧南下，在住宅地中间有一家城守保养所资料馆。它虽然是城守家的私人宅第，但它的一层作为保养所新馆使用，因此，现在通过预约可以参观。它是供人们认识岩仓的茶屋和保养所的珍贵的历史资料馆。在这以前，岩仓精神医疗的历史犹如秘密一般不为人所知，资料馆的

城守保养所资料馆

开放为人们真正了解它的真实情况提供了便利。这是很好的做法。

在这一带，曾有好几家经营保养所。对此，与其进行详细介绍，不如请资料馆的人介绍。

大文字五山的送祖灵火

从实相院到叡电鞍马线岩仓站距离约 1000 米，由岩仓站驶向终点站鞍马站的路线中，第四站是市原。这里有川岛纺织品 Selkon 公司的纺织品文化馆。这里曾经举办过盂兰盆会的"い"[1] 字的送祖灵火活动，现在已合称为大文字五山的送祖灵火。不过，它原本是各个村举办的民俗活动，五山以外也有"い"字等许多送祖灵火的民俗活动。

叡电鞍马线市原站以北由于在山上穿行，作为红叶的名所为人熟知。穿过红叶隧道，走过二之濑站，不一会儿就看到左手边山脚下有一座石碑。这里曾经是罗林山等人物辈出的林家庙。家庙被称为奉先堂，后人在其旧址上建了"奉先堂碑"的石碑，由有该家血统的今江家管理。下一站贵船口站有贵船神社，终点站鞍马站是前往鞍马寺的徒步旅行的起点。

1　表示"い"字的形状，故不译。——译注

第十五章

"正宗京都"宇治：世界遗产与文化景观

宇治虽在京都城外，但它拥有平等院凤凰堂和茶园等国风文化景观，而被授予京都唯一的文化景观和世界遗产之地双重荣誉称号。下面我们考察宇治"正宗京都"的来龙去脉。

要去宇治町散步，可从 JR 奈良线"宇治站"出发。

宇治文化景观：国风文化与茶业文化

1994 年（平成六年）12 月，"古都京都的文化遗产"根据宇治文化景观"作为具有千年以上的日本首都繁荣的日本文化中心"被收录为世界遗产。王朝文化精致、灿烂夺目、与自然相协调，作为日本文化的一个典范，是后世掌权者的景仰之地。11 世纪从贵族的别墅发展为寺院，在文化上成就净土思想的宇治平等院和作为镇守社的宇治上神社成为世界遗产。

2009 年（平成二十一年）12 月"宇治文化景观"被《文化遗产保护法》指定为重要文化景观。截至 2015 年（平成二十七年），重要文化景观共有 47 件获得指定。几乎是与农村山庄渔村有关的。以城市为对象的有以近世城郭为保护对象的古迹文物，只有 3 件：代表地方城市"金泽文化景观——城下町的传统与文化"，"长良川中游区的岐阜的文化景观"和宇治。受保护的理由是："自古以来在宇治川的河流两岸有人居住，平安贵族为了心灵的拯救，建造了社寺，培育了具有特色的宇治茶业与文化。"（《宇治的文化景观 保存计划书》）换言之，平等院凤凰堂所象征的平安贵族国风文化和宇治茶业文化是宇治文化景观的两大要素。

位于洛外都城东南"忧郁"之地的宇治，象征着平安后期纯粹的"国风文化"向奢华的王朝文化发展，其景观意义的改变是在近代。在象征意义上，在江户时代，宇治就成为《平家物语》中梶原景季与佐佐木高纲在宇治川的先阵争夺地以及与以仁王一起揭竿而起、英勇奋战的源三位赖政最后在扇之芝自杀的战场。宇治还打上《源氏物语》与贵族别墅、灿烂国风文化的烙印，并完成了风格的转变。到了20世纪，人们已经忘掉了在《源氏物语》的《宇治十卷》[1]中隐居、没落的公主们黯淡的故事色彩。正如世界遗产与文化景观的两个荣誉所象征的那样，正是在地理上不在京都市内的宇治才是代表日本文化的京都最正宗的"文化景观"。

这种风格上的转换，可以从坐落在宇治的奈良女子高等师范学校地理科二年级学生在四天三夜的修学旅行的记述中得到印证。她的修学旅行自1911年（明治四十四）10月9日起，从京都出发，越过比叡山，从坂本经过石山，在最后的一天12日到达宇治。她对凤凰堂有如下描述："作为藤原氏时代的建筑的优秀代表作，与陆中的中尊寺一起名声鹊起（中略），凡赖政公之遗物，此公六十四岁的画像以及宇治川合战遗物薙刀铠鞍弓，无一件不令人缅怀过去之物品（中略）公亦遭流矢遂自杀身亡，扇之芝至今尚存，传为其遗迹。"（《明治四十四年京都近江旅行录 第二期地理历史部第二学年》）

---

1 《源氏物语》一共五十四卷，《宇治十卷》是书的最后十卷，即从《桥姬》（第四十五卷）到《梦浮桥》（第五十四卷）的总称，主要描写光源氏死后，薰大将以宇治为舞台的故事。——译注

这里记述的在平等院的桥会战遗物、治承四年（1180）揭竿而起的源赖政的画像等不确实的见证物、扇之芝末路的故事，可以让人们了解近世以来民众心目中的宇治印象——军事小说中的故事。《平家物语》由琵琶法师口传，后发展到歌舞伎、净琉璃，为不识字的平民所接纳。仅在 20 年前才出生的冈仓天心用《日本美术史》（1890 年东京美术学校的讲义）给日本近世美术常识注入了最前沿的近代美术理论。在代表"藤原氏时代（国风文化）"的凤凰堂的建筑物里，发现了"独特"的美术价值，与东北地区中尊寺的金色堂比肩，是国风文化美术价值的一部分。

明治时期的平等院凤凰堂
图片提供：长崎大学附属图书馆

宇治的起源与发展

宇治位于京都市东南部，最初的宇治乡在近世是宇治代官的支配地，大部分为幕府领地。1874 年（明治七年），宇治乡户数为 650，人口约 3000，1889 年（明治二十二年）宇治町成立。1913 年（大正二年），在宇治上神社内兴建了宇治川电气股份公司宇治发电所，宇治开始有了电灯，并往大阪输送电。1926 年（大正十五年），JR 宇治站的北侧兴建了日本人造纤维宇治工场 [现为 "尤尼奇卡公司"（Unitika.Ltd.）]，人口由此倍增，成为有工厂劳动者的近代城市。出生于餐馆旅店和花店家庭的劳农党的山本宣治被右翼刺杀是在昭和大典的第二年 1929 年（昭和四年）。战后 1951 年（昭和二十六年），宇治町与周边各村合并成立宇治市，现在的人口约 19 万（2015），城市面积约为京都市区的十二分之一。

现在我们考察一下经过宇治川左岸的 JR 宇治站，从平等院、县神社跨过橘岛，经由右岸的宇治神社、宇治上神社到京阪宇治站中间的宇治中心部，被称为 "中宇治" 的地区。

宇治市的西部，曾有一个周围长 16 千米的巨椋池，它在 1933 年至 1941 年期间的围湖造田中消失了。明治末年，明治天皇曾留下遗言，希望在风光明媚的伏见山建造伏见桃山陵。伏见山的南部临巨椋池，与东山山脉相连，桃山丘陵南端有茂盛的桃林（《明治天皇纪》）。谷崎润一郎的《割芦》（1932）中，描写了一位落魄的男子在巨椋池畔御殿风格的别墅里，从墙的缝隙处看到再嫁到伏见酿酒店的前妻在圆月之夜弹琴的场景。自古以来，桂川、宇治川、木津川河水汇集的游泳地巨椋池是京都南部的名胜，也是宇治人和物资的聚散地。1928 年（昭和三年）开通的往返于桃山—西大寺间的奈良电气铁道从向岛到小仓之间沿着巨椋池东边的小仓堤（太阁堤的一部分）敷设。

在宇治桥断碑（放生院）上记述了高僧道登于大化二年（646）因看到了宇治川的急流给人们带来不便而兴建桥的事迹。壬申之乱（672）时，在宇治的桥守，大友皇子的近江朝廷向大海人皇子方面下达拒绝粮食运送的命令（《日本书纪》）。特别是太阁堤兴建前的宇治的选定地区，位于宇治川河口中间变细的地方，是湍急的河水大量涌入西面的巨椋池。宇治桥是奈良去京都、近江、东国必须经过的大和街道的要道。在 1904 年（明治三十七年）的濑田川堰、战后的天濑水库建成之前，从古代到 19 世纪，宇治川河水都很湍急。

淀川从琵琶湖到大阪弯的河口总长约有 75 千米，从琵琶湖到到宇治桥约 25 千米。琵琶湖海拔约 84 米，宇治西部的旧巨椋池的海拔为 10 米。因此，从琵琶湖到淀川河口之间的三分之一的距离，河水一口气就流了 70 千米以上。在寿永三年（1184）一月讨伐木曽义仲的源义经属下的佐佐木高纲、梶原景季在宇治川依次展开先阵争夺战的《平家物语》的著名故事中，狂奔不息的河水是舞台，那时河水奔流的程度大大超过今天的宇治川。

JR 宇治站是前往宇治的大门户，为赶上 1895 年（明治二十八年）冈崎举办的第四次内国劝业博览会，抓紧时间加快连接京都—奈良的奈良铁路施工，但最终还是没有来得及。直到第二年 1896 年（明治二十九年）1 月 25 日才开通京都至玉水的铁路。1910 年（明治四十三年），京都五条—大阪天满桥间的京阪电气铁路开通，宇治线于 1913 年（大正二年）6 月 1 日接通，从中书岛至宇治只需 20 分钟。

随着交通的发达，游客纷至沓来。1902 年，久世郡长、岩井勘造宇治町长等作为发起人组织了宇治名胜保护会（保胜会）。《京都日出新闻》在介绍名胜保护会应保护宇治的报道中写道："凤凰堂的古建筑装饰之大在美术工艺上堪称模范。而且，平等院里的源三位、在宇治川上留下足迹的佐佐木高纲是永存史册大放光彩的人物，实为我宇治之自豪。"（同年 10 月 8 日）在这里，《源氏物语》的《宇治十卷》，《平家物语》的源赖政临终、宇治川先阵争夺战等古典文学的世界，桥姬的传说，以及作为近代前沿的

"美术工艺上的模范"平等院凤凰堂等都显示了宇治的地位。

1926 年（大正十五年），宇治名胜保护会随着名所保护事业的推进，开始了作为"游览设施"的餐馆旅店、饮食店、土产店的整备工作。宇治町也积极主动地推动旅游业振兴工作，在景观整备方面，大量种植樱花等开花的树木。为迎接大众社会的到来，在大正末年，用德国的莱茵河之名来命名"宇治川莱茵"。1927年（昭和二年）本多静六策划"宇治公园规划"，1928 年（昭和三年）4 月 1 日，宇治名胜保护会在宇治川的河边种植了樱花和枫树 6000 株。1934 年（昭和九年）4 月 29 日的《京都日出新闻》有名为"以宇治町为中心打造真正的旅游城市"的报道。

漫步在宇治的市街

从 JR 宇治站至平等院之间，中宇治的町的结构来看，宇治川左岸的街道以宇治桥为北顶点，宇治桥街（新町街）为左边、县街为右边，本町街为底边的三角形为基本结构。它的东面有平等院，宇治桥街是在室町时代以后出现的，保留着上林春松家等近世以来的茶商。对此，在中宇治东侧，永承七年（1052）的平等院创建后，贵族的别墅城市不断扩大，基本地盘以伍町街为北边界线，以县街（大和大路）为东边界线，以本町街为南边界线。近年来，平安后期

前近代宇治街路地图
该图根据《宇治市历史的风致维持向上计划》制作

的宅地旧址、庭园旧址、道路旧址（《宇治市历史的风致维持向上计划》）被发掘，由此确认从古代至近代，城市街路的多层重叠性。

从 JR 宇治站一直走到宇治桥街，将看到一个拥有正面超过 30 米的传统建筑——中村藤吉本店。安政元年（1854）创业，从焙炉场、茶工场、茶藏等从摘茶到茶的储藏，从荒茶[1]到抹茶[2]、煎茶[3]的制造、分级、装袋、装箱、产品保存等工序，从明治中期到大正时期已经一应俱全（《宇治市文化遗产综合把握调查报告书》I）。现在的经营范围扩展到饮食店业务以及羊羹、巧克力、和式点心的销售。

1　指只是将摘下的茶叶作加热、烘干处理的茶。——译注

2　用于茶道的粉茶，将优质茶叶蒸熟后干燥，磨成细粉末。——译注

3　日本有代表性的绿茶，用蒸汽将茶叶蒸熟后制成。——译注

宇治茶始于镰仓前期明惠上人传至五庄的传承。室町时代以后，宇治就确立了茶名产地的地位。宇治茶师通过中世以来大名、公家、社寺与茶的文化，与他们建立了密切的联系。江户时代初期，町人身份的御物茶师取得了拥有姓氏和佩刀的特权，并兼任宇治的代官。向幕府上贡新茶时的旅行列队很气派，跟大名列队规格的排场一样，这种上贡列队一直延续至庆应三年（1867）。江户时代的人喝茶以番茶（粗茶）和煎茶为主。

中宇治在中村腾吉本店以南 200 米左右的本町街的对面。在这里，有负责保护贵重文化景观的茶园（宇治市城市规划，茶叶等生产地区）。宇治茶从新芽生长的 4 月开始至 5 月初，用"本苇帘"覆盖茶园以避免霜冻和日光直射，导出抹茶和玉露等高级茶的香味。这种"覆盖"的初夏景观是宇治的风景之一。昭和三十年代以后的宅地化进程中，茶园迅速减少。截至 2007 年，全市茶园面积约有 80 公顷，荒茶（未进行精加工的茶）的生产量不过 60 吨。而且，几乎所有的"覆盖"景观已经被化学纤维制的黑色防寒纱所取代。

现在，宇治茶已不是指在宇治生产的茶，而是指在京都府、奈良县、滋贺县、三重县这四个府县生产、府内加工的茶，以京都府内生产的茶为最优（《京都新闻》2004 年 3 月 26 日）。实际上，2014 年（平成二十六年）的荒茶生产量，在全国 83500 吨中，

"覆盖"的茶园　大正时代
图片提供：宇治市历史资料馆

名列第一的是静冈县 33100 吨，京都府仅 2920 吨。保持抹茶、玉露、煎茶等核心产品品质经年不变是维护品牌的奥妙。例如，在上林茶铺里说起玉露，就有从最高级的"京誉"到简便的"神心"九个等级的商品。

在传承明治时期的茶商家的中村藤吉本店的旁边，有一家叫"有马汤"的澡堂。它建于 1935 年（昭和十年），是保存着卷棚式博风的二层建筑。在靠近宇治桥，有六个拱门窗配上凸腹状柱型的摩登旧百货店旗下的丸五药品店（1932 年竣工）有尤尼奇卡公司的很多员工光顾，热闹非凡，它是大众文化繁荣的近代宇治历史痕迹的见证。丸五药品店对面的高级公寓相当于在中世的围棋盘状街路的伍町街和近世的宇治桥街的交会处，它的旁边有显示古代以来街路发掘成果的说明板。

在宇治桥街的右边，有以上林久重的第三子为宗主的上林春松家。上林久重自战国时期天正年间起就取得了宇治乡的支配权。上林春松家是阿波蜂须贺家私人雇佣的茶师，也是受到尾张德川家庇护的"御物茶师"八家之一。他在江户中期建造长屋门，在茶室松好庵留下宽政十一年（1799）的墨笔画。直到昭和三十年代，这里一直在从事茶的制作、装袋和发货。后来，工厂移至宇治荫山，现在是零售店铺，同时也是宇治的上林纪念馆。宇治桥西面尽头附近是御物茶师排名第一的上林家人集中居住地。17世纪时，长屋门宇治茶师就达16家。在上林春松家斜对面的现京都银行宇治支店从宇治代官所（旧上林峰顺家）到近代的宇治町役场、宇治市役所的所在地。代官所时代的长屋门从宇治桥街移至南面的清水家。

宇治桥最初建于大化二年（646），曾多次被洪水冲垮。弘安九年（1286）叡尊和战国时期的织田信长重建此桥。现在看到的桥是1996年（平成八年）建成的。近世以后的宇治桥是与宇治桥街相连的，1996年被通往JR宇治站的城市规划道路取代。

《柳桥水车图》 桃山时代
图片提供：京都国立博物馆

宇治川周边的红叶和竹箔常被平安时期的贵族歌咏。安土桃山时代的《柳桥水车图》中，黄金宇治桥构思意图是再现与统一权力相结合的宇治桥，振兴宇治茶业。从宇治桥三间的突出桥外的部分看，始于1932年（昭和七年）的茶祭活动中的三间抽水仪式最终固定下来并延续至今。它继承了千利休、丰臣秀吉等人举行抽取茶场之水仪式的传统。宇治桥西面尽头的正面设立了宇治町道路里程起点的标记，成为宇治的起点。宇治桥西面尽头的东侧被命名为"梦浮桥广场"。这里有2003年（平成十五年）建成的宇治莱昂斯俱乐部[1]里的紫式部像，为纪念1877年（明治十年）天皇行幸的"明治天皇御驻舆之碑"和昭和初年由宇治町建

1　自由知识国家安全俱乐部，总部设在美国的国际性民间服务团体。1917年创建，日本支部成立
　　于1952年。——译注

造《宇治十卷》中的"桥姬之古迹"碑。《宇治十卷》中的场所在江户时代并不固定，到了昭和初年，随着《源氏物语》热的升温，场所地点由宇治町决定。

在宇治桥西尽头以南，穿过鸟居沿着县神社参拜路南行，在左边有桥姬神社。宇治桥守护神桥姬于 17 世纪移至宇治茶师上林味卜宅第的侧面（宇治桥西尽头）。在明治初期遭遇洪水后于现在的位置重建。在县街，现在仍有不少茶屋。位于尽头处的县神社的祭神是木花开耶姬命，距离平等院有 100 米左右，从平等院创建时起直到明治初年神佛分离为止，它是平等院的镇守社。6 月 5 日的县神社祭礼，是一起摘茶的季节工人工作结束后的一种精神释放。"县祭"是一种于深夜挥舞作为神灵依附之物的梵天奇特的仪式活动，与现代旅游有直接关系。不过，从近世一直到整个昭和战前时期，也有茶业兴隆的原因，它成为宇治代表性的祭礼。

通过查阅报纸，在战前，报纸更多宣传的是县祭而不是宇治的贵族文化。随着交通设施的改善，"京阪神"（京都市、大阪市、神户市的合称——译注）的游客猛增，特别是在大正、昭和战前时期，县祭给人的印象大多是色情而古怪的，"轰出初夏之夜的官能，迸发出自古以来名气很大的'县祭'中善男善女的狂欢"（《千年的宇治》）。

源氏物语博物馆

我们再次返回宇治桥西尽头，下面我们漫步茶批发商店、小卖店、茶点商店并立的平等院街。平等院街曾被称为樱树马场的樱树街道。在中村腾吉平等院店，人们可以一边散步一边欣赏宇治川远离人烟的绝美景色，它是元禄时期（1688～1704）创立时，明治天皇和皇后等人出行途中的餐馆旅店"菊屋万碧楼"的旧址。平等院正面旁边的久迩宫朝彦亲王为纪念第一次制茶共进会（1879）亲笔题字的"宇治制茶纪念碑"，曾摆在凤凰堂正面。在离正门很近的观音堂侧面，有治承四年与以仁王一起起兵的源三位赖政从围城寺逃至南都途中被平家击败而自杀的"扇之芝"。赖政的子孙太田氏于天保年间（1830～1844）竖立了和歌石碑，碑上刻着："万悔当年樱满开，不如埋木无人知，末日将至悲不止。"

平等院源于永承七年（1052）关白藤原赖通将其父藤原道长的别墅改建成寺院，第二年建造凤凰堂。凤凰堂里安置了出自定朝之手的阿弥陀如来（国宝）。屋顶是一对凤凰造型，在中堂的左右两侧，有翼廊、阿字池环绕周围。进入中堂是极乐净土的世界，供奉阿弥陀如来的五二躯之云中供奉菩萨像乐奏起舞的形象栩栩如生。天棚被用螺钿装饰的豪华天盖覆盖，在四周的屏风和墙上有最古老的大和绘《九品来迎图》。

云中供奉菩萨像、国宝的梵钟等主要的美术品在邻近的凤翔馆能够近距离地欣赏。经 1990 年（平成二年）开始的庭园遗址发掘调查得知，在凤凰堂周围敷设了拳头大的石头而形成了沙洲，北翼廊和二桥之间有小岛。在复原的平安期遗址中，在阿字池中间有凤凰堂。

正对东面的体现净土世界的平等院凤凰堂，展现了近代京都的文化，它也是现在使用的 10 日元硬币的图案。如前所述，江户时代，表演赖政末日的故事和谣曲是平民常去的平等院的一大特色。在江户时期、明治和大正时期，与赖政有关的战具和宝物对游客收费展示。其他的如头盔、刀具、画像多为室町、江户时代以后的古物、古董，大都与赖政无关。

进入近代，在 1893 年（明治二十六年）举办的芝加哥博览会中，出现了根据冈仓天心的原设计方案，模仿宇治平等院凤凰堂建造的"凤凰殿"日本博览会会场。曾在东京美术学校工作过的小杉榲邨将平等院定位为平安朝固有的美术杰作，1895 年（明治二十八年）兴建平安神宫时，决定"参考"凤凰堂（《好古杂纂》书中《宇治的凤凰堂》一章）。这样，1895 年平安神宫随着国风文化潮流的盛行，作为国民国家形成时期的民族共同体，平等院凤凰堂作为日本固有的文化而受到青睐，同时也给京都印象增加了很大的分量。

在 20 世纪，构筑《朝鲜美术史》框架的关野贞，其出发点来自其在东京大学工科大学造家学科的毕业论文《凤凰殿建筑论》（《建筑杂志》102 期，1895）。年轻时的关野也思考过以日本传统文化作为出发点的问题。在 1890 年（明治二十三年）的《日本美术史》里，冈仓天心将日本美术史发展阶段划分为：奈良时期（飞鸟、白凤、天平文化），平安前期（密教美术），平安后期（国风文化）以及镰仓、室町时期。在他选取的"国风文化"中，京都格调和日本文化的概念不断得到强化。

从南门走出平等院，从宇治川左岸过喜撰桥就是塔岛。在这里，宗教法人福田海于 1908 年（明治四十一年）发掘并重建了镰仓后期叡尊建立的浮岛十三重石塔。旁边的橘岛于 1932 年（昭和七年）取消了此前的称呼"下岛"，根据《平家物语》中宇治川先阵争夺战的典故，命名为"橘岛"。后来，在乡军人会宇治支部在那里竖立了"宇治川先阵之碑"（《大阪朝日新闻》1932 年 4 月 27 日）。这些举动甚至还发掘了在名所里看不到的，古典文学世界里的意义。过了朝雾桥的桥头，有一座建于 1995 年（平成七年），反映《宇治十卷》中有关浮舟[1]的故事场面的雕像。雕像中的浮舟因沉迷于匂亲王而不敢与薰将军对视。

在宇治川右岸，有用宇治一带的产土神祭拜应神天皇、仁德天皇和菟道稚郎子的离宫社（近代为宇治神社、宇治上神社）。从东方现世的离宫社到西方的体现极乐净土的凤凰堂，宇治川两岸紧挨在一起，体现了贵族的世界观。朝日在春秋彼岸，从东方的朝日山山顶升起，照亮了对岸凤凰堂阿弥陀如来的白毫。宇治上神社创建于平等院凤凰堂建成之后，它留下了日本最古老的神社建筑——本殿（国宝，镰仓时期）。从宇治神社再继续往上走一段路，就看到《宇治十卷》的《早蕨》卷故事中出现的古迹。经过宇治上神社，北上"早蕨之道"，一路有总角[2]的古迹和谢野晶子的诗歌石碑，最后到达源氏物语博物馆。源氏物语博物馆于1998年（平成十年）开业，展示宇治有关《源氏物语》的主题活动，放映电影故事片和偶人剧。宇治市将《源氏物语》作为振兴地区产业的途径，从1991年（平成三年）起，设置了专门颁发给女性作家的"紫式部文学奖"。2008年（平成二十年），京都府还举办了"源氏物语千年纪"的庆祝活动。

1　"浮舟"是《源氏物语》第51卷的卷名，也是本卷中女主人公的名字，她因无法摆脱薰将军和匂亲王的爱而跳入宇治川，被救起后落发为尼。——译注

2　净琉璃、歌舞伎中的"助六"的情人的名字。——译注

从源氏物语博物馆出发，乘府道京阪宇治线，到宇治桥东尽头的《宇治十卷》椎本古迹以及镰仓时代的东屋观音。两处古迹都是在 1996 年（平成八年）的宇治桥重建与道路扩建时分别移至现在这里的。宇治桥东端的通圆茶屋作为与现在相关联的景观而登场，在狂言《通圆》里，讲述了第一代通圆赖政的家臣缘起的故事。

在通圆茶屋前面，有"宇治川莱茵"（1929）的路标。昭和初期，宇治川汽船公司的汽船航行于人造湖的外畑——堰堤间。

在东屋的古迹旁边，大阪皇陵巡拜会（1917 年结成）建立的"菟道稚郎子皇子御墓北三町"的石碑，根据上面的指示走到墓地。传说上的菟道稚郎子御墓的场所直到 1889 年仍定不下来，宫内省的诸陵助、足立正声一直在犹豫"不能不再往山靠一靠"，最后以它也靠近宇治川、浮吊船古迹等为由确定了下来（"显宗天皇外十二方御陵治定之际，由足立诸陵助陈述其意见"宫内公文书馆）。不过，那个浮吊船的古迹现在菟道稚郎子御墓陪坟侧，现已移至三室户寺。

从菟道稚郎子御墓到宇治川右岸，与 16 世纪末的伏见城同时兴建的太阁堤坝旧址（该遗址于 2007 年被发现）也得到整备。在它的旁边，是有文化景观保护承诺的"覆盖"的茶园。我们沿着堤坝返回京阪宇治站。

后　记

最初的"京都学"

三枝晓子

　　我产生把"京都"作为我历史研究对象的契机，是大约距今 10
年前。我在立命馆大学工作时就开始有关于"京都学"的想法。在
这之前，虽然也有意研究"日本"的"中世城市"，但我本身却没
有意识到我是在从事"京都"研究。作为学术研究或大学教学中的
"京都学"应该是什么样的？经过不断的讨论，终于建立了将文学、
地理学、历史学三个学科协同，并将地区合作作为重要支柱的专业。
我本人也在努力协同和合作的过程中，进入对京都历史的研究。

　　作为"京都学"课程的任课教师，必须有概述京都历史的讲
义。可是，讲授从平安京成立以前到现代的京都历史对我来说任务
很重，我要借鉴各位同人的研究成果，同时，对我自身关注的主题
即对各个时期的特征进行说明，要做的事情非常多。许多问题我只

知其一不知其二，比如，渡来人等大陆人与京都的密切关系，丰臣秀吉对京都改造的巨大影响，人们如何在禁教或宗教迫害下坚持信仰基督教，日清战争时平安神宫的建设和时代祭的创立，用东京种植的染井吉野樱树装点下的京都是什么样子，等等。与来自全国各地的学生一起探究和思考这些问题是我非常重要的经历。我着手京都学的研究，缘于与高木博志氏和小林丈广氏的邂逅以及"京都学"这门课程的开设与准备，此次也有幸邀请到二位为本书进行策划，我的研究工作是在得到他们两位的著作之后开始的。

在我开始跟学生们一起进入同一时期的地区社会，进行"随喜神轿"的调查之后，更加感到通时性地观察京都历史的重要性。当我们要捕捉人们从事保存和继承地区文化和传统文化的意义时，如果仅根据某些时代的历史资料是无法进行的。时代在不断地变化，人们看重的是什么事，它是如何与历史发生关联的，又将如何在走向未来的过程中被继承下来，想要透彻理解的话，涉及的时代范围就更大了。

另一方面，如果说日本史研究是以史料为重要依据，在收集和解读史料的同时，脚踏实地构筑理论的学问的话，那么，毫无疑问，对京都进行通时性的研究并非一件容易的事。因此，即使我主观上想更深入、更广泛地研究，但我对京都的研究仍有很多不足之处，收入本书我执笔的部分有不少也缺乏通时性，深度挖掘也不够。不过，在本书执笔过程中，与专门从事近代史研究的各位同人一同走访各个现场，并在现场获得了对表面的和仅停留于痕迹的历史作进一步探讨的灵感，这是我今后的研究中不可多得的经验和研究资源。

当我进行跨学科研究的"京都学"时，一本书突然出现在我的眼前，我偶尔也拿出来看一看，它就是川端康成的《古都》。关于这部作品，在新潮文库版（1964）山本健吉氏的解说中有京都的"年中行事绘卷""名所向导记"。不过，我本人很感兴趣的是容易被忽视的对京都遗物，比如天主教石灯笼等非常自然的描写以及对京都实态的描述方法——从缝隙中观察身份、职业、居住空间等角度，对室町、北山、西阵等场所的描述。通过这部创作于1960～1961年（昭和三十五年至三十六年）的小说对京都的描述，我看到了丰臣秀吉政权之后所形成的、现在仍被珍惜的京都社会结构。

另一方面，《古都》问世时的日本乃至京都早已迎来了日本经济高度成长期。《古都》中描述的祇园祭山鉾彩车巡行路线，因为观光政策而发生变化。在经济高度成长时期，人们享受着丰富的物质生活，产生了新的生活和文化的同时，也出现了历史文化遗产遭到破坏的现象。室町、西阵的吴服产业、北山林业、《古都》中的主人公千重子居住的"町家"直到现在仍然受到变化浪潮的冲击，它们被夹在"传统"与"革新"之间，不断探索发展之路。明治维新之后，长达数百年甚至更长时间以来培育起来的产业和文化在仅数十年间不断地丧失。今天，将如何叙述、理解和传承京都的历史呢？我也在不断的摸索之中。

从 2015 年的京都说起

小林丈广

在周末，全国各地的乡村、野岭和寺社，随处可见登山和郊游的人。他们当中以关心退休后的健康状况，打发余暇的高龄者居多。其中不乏全家出动、年轻女性成群结队的，尤其是近年来外国游客不断增加，来京旅游的人越来越多。在鉴赏樱花和红叶的季节，京都更是游客的青睐之地，在狭小街路的寺社门前时常发生水泄不通的严重交通拥堵。

京都细小蜿蜒的街道是不便于汽车通行的。很多人开车进入京都，扰乱了市民的生活，问题接踵而来。因此，1973 年京都市发布拒绝私家车旅游的公告，20 世纪 80 年代又发布要求经营者支付旅客丢弃空瓶罐的处理费用的条例（空瓶罐条例）等。根本问题在于，从观光中获得收益的仅是一小部分的经营者和寺社，而受到干扰的是大多数的市民。20 世纪 80 年代中期，引起社会大讨论的古都征税问题是其中最突出的问题。

最近，上述问题是否被淡化了呢？从对高层建筑物高度的限制到对广告牌限定的景观条例的实施以及将四条街作为单行线扩建人行道的尝试等，都可以说是京都市不断面临挑战的证明。虽然也推行了"停车换乘车"的办法，但它起到了多少作用呢。这样看来，当初对开发和经济发展持比较消极态度的京都也发生了积极的变化，努力建成一个环保与生活和谐的城市。虽然我们不知道城市建设是否有正确答案，但我们期待京都不是汽车满街奔跑的城市，而是人们漫步其中或者也可以手持拐杖或坐轮椅悠闲漫步的城市。

在本书的策划阶段，林屋辰三郎的《京都》成了我们的热议话题。当我还是高中生的时候，这本书就成为修学旅行参考书，是 1962 年日本经济高速发展影响波及京都的非常重要的记录。人们对那时候的京都的怀念至今没有减退。林屋辰三郎在该书的最后写道："现在人们对京都市在国际文化观光都市的美名下，强力推行的'观光至上主义'政策进行了强有力的反省。"50 年前到京都市的游客人数还未满 2000 万人，但那时已经强烈意识到"观光至上主义"带来的问题。而如今京都以 1994 年"古都京都的文化遗产"入选世界文化遗产为契机大力发展旅游业，进入京都市内的旅客超过了 5000 万人。

以前，一说起京都就会提到的路面电车——市电，1978 年已经被不断增加的乘用车击垮而废弃了。嵯峨、岚山方面的岚电和来自东山北部连接北山的叡电等也许因为还能勾起人们的乡愁，在春秋旅游旺季还颇受旅客的欢迎。取代市电的地铁，可能是工程费用昂贵的原因，只通到乌丸东西线的二路线。从醍醐到太秦天神川只花 30 分钟就能到达，各站周边的再开发也在不断推进。

在太秦，已经太久没有举办牛祭了，即便想举办牛祭也没有牛。虽然牛在关西农村和小街上还能看到。但在京都周边已经看不到了牛的身影了。以前，我曾听说为了拍摄有关京都的环境和生活的电影，要取景田地里的撒肥场面，却找不到最重要的尿粪桶。最后，只好找负责电影道具的高津商会帮忙。仅仅是撒肥在电影中消失了吗？至少在京都周边撒肥已经成为过去。然而，京都文化的根基在农村，这不仅从牛祭[1]体现出来，也能从近年来盛行的日本料理、京都蔬菜体现出来，而这种状况已经悄悄发生了变化。

我曾负责五条路的管理。在举办展现京都印象的祇园祭时，在山鉾彩车并排的室町街、幕末动乱时期成为"天诛"暗杀舞台的高濑川以及美术馆等文化设施集中的冈崎，至今仍有很多人到访。不过，我借此机会重新追问这个场所的意义。

另外，岩仓和山科对读者来说可能不太熟悉，但在休息日却是郊游的好路线。高濑川和冈崎也是如此。在京都近郊农村栽培的蔬菜是用市街地区居民的尿粪培育的，收获的农作物支撑着京都的饮食文化。一方面，满载尿粪的货车和船只往返于山科、乙训、岩仓、大原；另一方面是背着蔬菜和花的人们向城市和市场一步一步走去。我选取的这些路都是让人能感受到京都与农村的生活连成一体的路。

与本书其他二位执笔者和承担编辑工作的诸位同人一起合作，我学到不少东西，度过了非常愉快的时光。虽然我们对彼此的历

1　在每年的 10 月 12 日晚上，在京都市左京区太秦的广龙寺举行的传统祭祀活动。装扮摩多罗神的人戴着白纸面具，身着古怪服装，骑着牛，绕寺内一圈，朗诵国家安康、五谷丰盛、驱除病魔的祭文。——译注

史认识有相同的地方，但我们三人有各自明显不同的个性，却共同完成了一项工作。其中，有重视用标题提示各种解释的路，也有根据史料逼近历史深层的路。而我的研究方式是，注重与能遇见的人的关系，实地考察能得到的新发现。一般是出于享受路途本身而漫步，突然停下来，一边倾听沿路的人、民家讲述有关设施的故事，一边思考。我从此前古书调查等经验中，选取一些有历史感的、在此地漫步能学到或感受到一些东西的地区进行介绍。为了不成为"白河夜船"（意为一知半解——译注）的人，我再次漫步曾经走访过的地方，遇见曾经提供帮助的人，再次欣赏风景和成排的房屋。在这里，近年来的激烈变化留下了深深的印记，更增加了历史的厚重感。50 年后，本书能像前述的《京都》那样，经得住考验成为记录 50 年前的京都的经典作品吗？

何为正宗的京都

高木博志

20 世纪 60 年代，当我还小的时候，父亲常带我参观京都国立博物馆的常设展和特别展。从地铁京都站出发，在崇仁地区贫困的平房之间穿行并跨过鸭川。在博物馆北侧光线灰暗的食堂吃

了面条，随后还乘电车前往冈崎公园的美术馆。因为 1945 年 3 月
以后的大空袭，以战败为契机，对丧失亲人和房屋以及大阪景观
的父亲来说，京都和奈良这些古都成为战后人们特别怀念的地方。
京都有父亲上过的大学，是蜷川虎三的民主府政存续的特别的城
市。另一方面，在大阪站空气污浊的地下通道有负伤的军人，在
站前的旭屋周边，仍有黑市的气氛，在樱宫的河流沿边还有炮兵
工厂的残骸。对出身于大阪的我来说，带有战争伤痕的大阪和京
都是大不相同的。不过，那时的京都与今天牧歌式的"正宗京都"
还有所不同。在战争记忆还没有消失就迎来经济高速增长时，京
都是瓦房遍地、古色古香、具有庄重而浓郁的文化氛围的城市。

　　我在本书中选取的漫步的街道，更多的是从思考京都整体论
的角度出发，选取象征性的场所，以阐述京都的特质。已经长达
10 年以上，在每年的初夏和晚秋，我与京都大学、同志社大学、
立命馆大学的学生们一起，一边漫步周边的东山（宫川町、松原
街、河井宽次郎纪念馆、丰国社、七条新地、东九条）以及本人
在本书中写到的京都御苑、宇治、嵯峨野、花柳巷、京大周边，
一边谈论它们的历史。

　　近代京都曾经是古都。明治二年（1869）迁都东京后，天皇、
公家等宫廷的人也就不再居住在京都了。在 19 世纪 80 年代，人

们已经有了国际社会的眼光，认识到为保存"传统"而创造出来的京都御所、御苑才是传承古都历史的场所。在这里，平安朝的贵族文化体现在春秋两季御所对民众开放和葵祭[1]的路头仪式中。不过，清少纳言和紫式部两位女性活跃的平安朝大内里的场所是再往西面的千本丸太町。为了能让在应仁之乱和元治的大焚烧中城墙内被烧毁的上京和下京地区，展示令人憧憬的平安朝文化，在近现代对京都御所和御苑进行了整备。在1915年、1928年举办的大典中，天皇从东京开始行幸，在御所的传统空间举办了继位仪式——大尝祭。

另外，作为"正宗京都"场所的选取地是宇治。位于京都市外的宇治，现在也不是京都市，而是宇治市。在位于宇治川两岸的宇治上神社和平等院凤凰堂，我们看到了贵族文化和女性特色、国风文化的京都特色。宇治是京都府唯一的文化景观和世界文化遗产双重指定的城市。而且在从近世过渡到近代的过程中，从武者们威武的男性气概转向《源氏物语》的女性特色，发生了很大的转变。两者的特性也有重叠之处。在有关宇治的写作中，特别感谢宇治市历史资料馆小嶋正亮氏的指教。

1　京都上贺茂和下鸭两神社的祭礼，为京都三大祭祀之一。因祭祀人和牛彩车用葵花装饰，故名。以前在每年阴历四月的酉日举行，现改为5月15日。——译注

同样，在嵯峨野，从明治到整个昭和年代，上演悲壮爱情故事的祇王寺、泷口寺等寺院和历史遗迹的复兴将古典的世界视觉化。经过日清、日俄战争，京都的贵族文化、女性特色的观光宣传塑造了"日本文化"，在经济高速增长时期，"京都印象"逐渐固定下来。根据工藤泰子氏的研究，20 世纪 70 年代是安稳族的时代，来京都的女性观光游客超过了男性（《京都观光与女性》）。

明治以后，舞伎、艺伎文化构成了京都印象，它与 21 世纪的"招待文化"联系在一起。它源自于东山的圆山和祇园。祇园社、长乐寺、安养寺等社寺集中地，因"上缴土地令"而成为圆山公园。以明治五年的京都博览会为契机，也阿弥、中村楼等场所成为面向外国游客的宾馆和西式餐馆，知恩院门前最终形成古董街。与新京极一道，成为开化的场所的邻近圆山的祇园甲部，一直稳定经营着建仁寺上缴的土地。四条街南侧的祇园甲部的舞伎、艺伎特色与它的景观、井上流派的京舞重合在一起，具有很强的 20 世纪的文化特色。在绘画、文学中所描绘的舞伎像，构成了隐蔽的京都花柳巷特色。1956 年《卖春防止法》出台后，这种倾向更为明显。

明治维新后，在京都御苑周边的公家社会的土地上，创建了同志社大学和京都府立医科大学、立命馆大学等高等学府。19 世纪90年代以后，在鸭川东侧新开发的土地上，修建了京都帝国大学、京都市立美术工艺学校，由此形成了京都的"学都"印象。战后，京都市美术馆在冈崎公园设立了京都国立近代美术馆以纪念昭和大典。20世纪在东山七条的京都帝室博物馆，常规展示与东京和奈良形成差异化的平安京以来的绘画、工艺和雕塑等美术作品。在近现代，京都的学术、文化的发展与在政治上受左右的东京不同，可以说，京都在国际性、自主性、紧密联系未来社会等方面具有很强的地区特色。

1945年战败前夕，美国曾把京都作为投放原子弹的候补城市。有关哈佛大学美术馆的兰格顿·沃纳保护文化遗产避遭空袭的神话已经破灭（吉田守男《日本古都为何避免了空袭？》，朝日文库）。尽管人们对古都充满了憧憬和臆想，但是，平安京以来的京都历史和文化并不是有意识地被守护的，它因应仁之乱、元治之内乱以及各种天灾而不断地消失，甚至还面临原子弹爆炸而被彻底毁灭的危险。经过战后的经济高速成长期，人们才将平安京以来的贵族文化、奢华的桃山文化确定为不变的京都印象。我们应从参与者的角度来思考不断变化中的京都。

参考文献

第一章

京都市历史资料馆编《皇宫御仓职立入家文书》，京都：历史资料馆，2013。

京都冷泉町文书研究会编《京都冷泉町文书》别卷，思文阁，2000。

京都市明伦寻常小学编《明伦志》，京都：明伦寻常小学，1939。

同志社大学人文科学研究所编《手洗水町文书目录》，同志社大学人文科学研究所，2010。

秋山国三遍《公同沿革史》上卷，原京都市公同组合联合会，1944。

高桥康夫：《京都中世都市史研究》，思文阁出版，1983。

百足屋町史编纂委员会编《百足屋町史》卷一、卷二，南观音山百足屋町史刊行会，2005。

第二章

小林丈广:《明治维新与京都——公家社会的解体》,临川书店,1998。

山本真纱子:《从唐物屋到美术商——以京都美术市场为中心》,晃洋书房,2010。

冈田万里子:《京舞井上流与近代日本舞蹈的黎明——第一届京舞的舞台与其作用》(《乐剧学》19 号,2013)。

山近博义:《近世后期的京都寺社内的表演地化》(《人文地理》第43 卷第 5 号,1991)。

森粟茂一:《河源町的历史与都市民俗学》,明石书店,2003。

《新京极》新京极联合会,1972。

松林株式会社编《松竹七十年史》,松竹,1974。

加藤秀俊:《在京都学到的柳田国男》(《柳田国男研究论集》第 4 号,2005)。

小林丈广:"迷路人须知石"(吉越昭久、片平博文《京都的历史灾害》思文阁出版,2012)。

中川理:《关于桥梁设计里看到的风致的二个认识——京都鸭川上可替代的四座桥》(高木博志编《近代日本的历史城市——古都与城下町》,思文阁出版,2013)。

守屋毅:《京都的艺能——从王朝到维新》,中公新书,1979。

锻治宏介:《托美为何来祇园——从古文书到解读的历史》(《人文学劝学》,京都学园大学,2014)。

日向进他:《关于近世进度新地开发的展开的研究——以 18 世纪建仁寺领地为例》(《住总研 研究年报》28，2001）。

加藤政洋:《京都花街物语》，角川选书，2009。

松田有纪子:《作为"正宗花柳巷"基础的土地所有——从下京区第十五区妇女职工关照公司的成立说起》(《核心伦理学》6，2010）。

冈田万里子:《京舞井上流的诞生》，思文阁出版，2013。

横田冬彦:《娼妓与游客》(《京都的女性史》，思文阁出版，2002）。

西尾久美子:《京都花柳巷的经营学》，东洋经济新报社，2007。

相原恭子:《京都舞伎与艺伎的内客厅》，文春新书，2001。

丸山宏:《圆山公园的近代》(京都大学造园学研究室编《造园的历史与文化》，养贤堂，1987）。

京都市编《京都的历史》第 6 卷《传统的坚守》，学艺书林，1973。

太田智己:《"近代京都的美术工艺品'面向来京的外国人'的出口"》(《美术史》168 页，2009）。

第三章

濑田胜哉:《失去的五条桥中岛》(《洛内洛外的群像——失去的中世京都》，平凡社，2009）。

下坂守:《绘图中的日本中世——绘图分析论》，法藏馆，2003。

大山乔平:《日本中世农村史的研究》，岩波书店，1978。

黑田日出男:《中世民众的皮肤感觉与恐怖》(《境界中的中世，象征的中世》，东京大学出版会，1986)。

细川武稔:《京都的寺社与室町幕府》，吉川弘文馆，2010。

横田则子:《"物吉"考——近世京都的癞病者》(《日本史研究》352号，1991)。

小出祐子:《近世京都的新地开发——以18世纪建仁寺门前地区为例》(《日本建筑学会计划系论文集》532号，2000)。

"清水寺史料介绍（43）子安观音缘起绘画传"(《清水》131号，1998)。

第四章

五野井隆史:《日本基督教史》，吉川弘文馆，1990。

五野井隆史:《日本基督教史的研究》，吉川弘文馆，2002。

奴田原智明、天主教中央协议会出版部编《基督教史迹——关西编》(天主教中央协议会出版部编《天主教会信息小册2010》，2009)。

杉野荣:《京都的基督教史迹——风从京都来》，三学出版，2007。

三俣俊二:"都城的日本二十六圣徒"(日本二十六圣徒殉教400年祭，京都纪念志编辑委员会《路始于京都》天主教京都司教区，1996)。

胜俣镇夫:"切耳削鼻"(网野善彦、石井进、笠松宏至、胜俣镇夫编《中世的罪与罚》东京大学出版会，1983）。

清水克行："'切剪鼻耳'的中世"（《室町社会的骚动与秩序》，吉川弘文馆，2004）。

寒川旭：《袭击丰臣秀吉的大地震——用地震考古学读战国史》，平凡社新书，2010。

京都市编《京都的历史》第 4 卷《桃山花开》，学艺书林，1969。

丸川义广：《御土墙遗迹的发掘调查与其成果》，（《日本史研究》420 号，1997）。

松田重雄：《天主教石灯笼与织部石灯笼》（《天主教石灯笼的信仰》，恒文社，1988）。

高木博志：《1920 年茨木基督教遗物的发现》（松泽裕作编《近代日本历史之编纂》，山川出版社，2015）。

松田毅一、川崎桃太译弗洛伊斯《日本史》3·五畿内编 I，4·五畿内编 II，中央公论社，1978。

松田毅一监译《十六十七世纪耶稣会日本报告集》第一期第 3 卷，同朋舍出版，1988。

《古都》《川端康成全集 第 18 卷》（新潮社，1980）。

第五章

京都市编《史料京都的历史》第 8 卷左京区，平凡社，1985。

小林丈广：《平安迁都 1100 年纪念与平安神宫的创建》（《日本史

研究》538 号，2007）。

辻道子：《京都的日式点心》，中公新书，2005。

奈良文化遗产研究所文化遗产部景观研究室编《京都冈崎的文化景观调查报告书》，京都市文化市民局文化艺术都市推进室文化遗产保护科，2013。

第六章

隆·藤谷：《天皇的露天历史剧——从近代日本的历史民族志看》，日本放送出版协会，1994。

高木博志：《近代天皇制的文化史研究——天皇继位仪式、年中行事、文化遗产》，校仓书房，1997。

松山严等：《东京站实地考察》，新潮社，1987。

《日本国有铁道百年史》第 6 卷，日本国有铁道，1972。

田中真人、西腾二郎、宇田正：《京都滋贺 铁道的历史》，京都新闻社，1998。

铃木荣树："京都市的城市改造与道路扩建工程"（伊藤之雄编《近代京都的改造——城市经营的起源 1850~1918 年》，密涅瓦书房，2006）。

琴秉洞：《增补改订 耳冢——丰臣秀吉的切鼻、削耳刑》，总和社，1994。

森忠文："明治时期及之后的京都御苑的改造"（《造园杂志》第

46 卷 5 号，1983）。

伊藤之雄：《京都的近代与天皇》，千种书房，2010。

高木博志：《近代天皇制》，岩波书店，2006。

第七章

今谷明：《室町的王权》，中公新书，1990。

村井章介：《日本的中世 10 分裂的王权与社会》，中央公论新社，2003。

细川武稔："足利义满的北山新都构想"（中世都市研究会编《中世都市研究 15 城市分区》，山川出版社，2010）。

细川武稔：《关于"北山新都心"的笔记》（《东京大学日本史学研究室纪要别册 中世政治社会论丛》，2013）。

细川武稔：《从地图看足利义满的北山新都心构想》（《周刊朝日百科新发现！日本的历史》23·室町时代 2，2013）。

竹内秀雄：《天满宫》，吉川弘文馆，1968。

西村丰摄影、三枝晓子著《京都：祭拜天神的人们——芋茎节与西之京》，岩波书店，2014。

河音能平：《天神信仰的成立——从日本古代到中世》，塙书房，2003。

西山克："幻想的空间——教科书 5 北野参拜曼荼罗"（《圣地的想象力——读参拜曼荼罗》，法藏馆，1998）。

樱井英治:《破产者们的中世》，山川出版社，2005。

濑田胜哉:"往返于北野的松下道——一条街与北野、内野的风景"（濑田胜哉编《变化的北野天宫——中世后期的神佛世界》，平凡社，2015）。

野地秀俊:《北野的马场与经营》（濑田胜哉编《变化的北野天宫——中世后期的神佛世界》，平凡社，2015）。

菅野扶美:《从空间看北野天神信仰的特征》（濑田胜哉编《变化的北野天宫——中世后期的神佛世界》，平凡社，2015）。

梅泽亚希子:《室町时代的北野万部经会》（《日本女子大学大学院文学研究科》第8号，2001）。

大塚纪弘:《中世的寺社与轮藏——作为中国文化的接纳与发展》（《东京大学日本史学研究室纪要别册 中世政治社会论丛》，2013）。

东洋一:"西园寺四十五尺瀑布与北山七重大塔（上）——金阁寺内的所在地"（《京都市埋藏文化遗产研究所研究纪要》第7号，2001）。

大田壮一郎:《足利义满的宗教空间——北山第祈祷的再探讨》（《室町幕府的政治与宗教》，塙书房，2014）。

西山美香:《作为足利义满"宝藏"的宝幢寺鹿王院》（松冈心平、小川刚生编《ZEAMI——中世的艺术与文化 04 足利义满的时代》，森话社，2007）。

汤谷祐三:《金阁寺作为金阁寺而建造——"日本国王源道义"足利义满与五台山的佛教》（《名古屋外国语大学外国语学部纪要》第42号，2012）。

富岛义幸：《相国寺七重塔——从安置佛与上供会的空间看建造的意义》（《日本宗教文化史研究》第5卷1号，2001）。

足利健亮编《京都历史地名》（中央公论社，1994）。

立命馆大学编《京西探访——京都文化的再发现》（淡交社，1990）。

佐藤进一：《南北朝动乱》（《日本的历史》9，中央公论社，1965）。

小川刚生：《足利义满》，中公新书，2012。

桥本雄：《中华幻想——与唐物外交的室町时代史》，勉诚出版，2014。

第八章

增渊辙：《鸭川与平安京》（门脇祯二、朝尾直弘编《京都的鸭川与桥——历史与生活》，思文阁出版，2001）。

朝尾直弘：《从公仪桥到众町的桥》（门脇祯二、朝尾直弘编《京都的鸭川与桥——历史与生活》，思文阁出版，2001）。

濑田胜哉：《消失的五条桥中岛》（濑田胜哉编《变化的北野天宫——中世后期的神佛世界》，平凡社，2015）。

大村拓生：《从六条八幡宫领看室町时期的京都》（《中世纪京都首都论》，吉川弘文馆，2006）。

北村优季：《平安初期的城市政策》（《平安京——历史与构造》，吉川弘文馆，2006）。

北村优季:《平安京的灾害史——城市的危机与再生》,吉川弘文馆,2011。

清水克行:《大饥荒袭击室町社会》,吉川弘文馆,2008。

西尾和美:《室町时期京都的饥荒与民众》(《日本史研究》275 号,1985)。

樱井英治:《日本的历史 12·室町人的精神》,讲谈社,2001。

横田冬彦:《昭和十年鸭川大洪水与"千年治水"》(门胁祯二、朝尾直弘编《京都的鸭川与桥——历史与生活》,思文阁出版,2001)。

第九章

石田孝喜:《京都高濑川》,思文阁出版,2005。

今村家文书研究会编《今村家文书史料集》上下卷,思文阁出版,2009。

京都市市政史编纂委员会编《京都市政史》第 1 卷,京都市,2009。

小林昌代:《京都的学校社会史》,私家版,2014。

土本俊和:《中世城市形态史论》,中央公论美术出版,2003。

牧英正:《京都高濑川与角仓氏》(一~三)(《法学杂志》第 22 卷 1~3 号,1975~1976)。

第十章

同志社大学同志社社史资料中心:《同志社的文化遗产建筑物》，同志社，2010。

同志社社史史料编辑所编《同志社百年史》通史篇1，同志社，1979。

冷泉为任监修:《冷泉家的历史》，朝日新闻社，1981。

《京都府立医科大学八十年史》，京都府立医科大学创立八十周年纪念事业委员会，1955。

汤川秀树:《旅客——一位物理学家的回忆录》，朝日新闻社，1958。

立命馆百年史编纂委员会编《立命馆百年史》通史编一，立命馆大学，1999。

石田孝喜:《幕末京都史迹大事典》，新人物往来社，2009。

京都大学百年史编集委员会编《京都大学百年史》总说编，京都大学后援会，1998。

《京都帝国大学文学部三十周年史》，京都帝国大学文学部，1935。

田中智子:《近代日本高等教育体制的黎明——交错的地区、国家与基督教界》，思文阁出版，2012。

松尾尊兊:《泷川事件》，岩波书店，2005。

《京都工艺纤维大学百年史》，京都工艺纤维大学一百周年事业委员会，2001。

《百年史 京都市立艺术大学》，京都市立艺术大学，1981。

玉蟲敏子:《永远的光琳——保留印象与言说的"交通工具与其轨迹"》，吉川弘文馆，2004。

宫本荣子:《京都法兰西事开始》，骏河台出版社，1986。

《人文科学研究所50年》，京都大学人文科学研究所，1979。

第十一章

仲尾宏:《朝鲜通信使的轨迹——增补前近代的日本与朝鲜》，明石书店，1989。

仲尾宏:《朝鲜通信使——江户日本的诚信外交》，岩波新书，2007。

仲尾宏:《朝鲜通信使与京都》，财团法人世界人权问题研究中心，2011。

池内敏:《大君外交与"武威"——近世日本的国际秩序与朝鲜观》，名古屋大学出版会，2006。

朝尾直弘:《从公仪桥到町众的桥》(门胁祯二、朝尾直弘编《京都的鸭川与桥——历史与生活》，思文阁出版，2001)。

北岛万次:《秀吉侵略朝鲜与民众》，岩波新书，2012。

罗纳尔德·托比:《近世的都名所 方广寺前与耳塚——以洛中洛外图、京绘图、名所向导为中心》(《历史学研究》842号，2008)。

琴秉洞:《增补改订 耳冢——丰臣秀吉的切鼻、削耳刑》，总和社，1994。

高木博志：《近代日本与丰臣秀吉》（郑杜熙、李璟珣编《壬辰战争——16 世纪日、朝、中的国际战争》，明石书店，2008）。

辛基秀、仲尾宏编《善邻与友好的记录　大系朝鲜通信使》第 1、2 卷，明石书店，1996。

姜沆著，朴钟鸣译注：《看羊录》，平凡社，1984。

申维翰著，姜在彦译注：《海游录——朝鲜通信使的日本纪行》，平凡社，1974。

第十二章

大津市历史博物馆编《车石》，大津市历史博物馆，2012。

增田洁：《漫步京都的古道》，光村推古书院，2006。

西田天香：《天华香洞录》别卷解说，一灯园生活创始一百周年纪念《天华香洞录刊行会》，2004。

田中真人、西腾二郎、宇田正：《京都滋贺：铁道的历史》，京都新闻社，1998。

佐贯伍一郎：《山科乡竹鼻村史》，私家版，1986。

安田真纪子：《东海道日冈峠的木食正禅的道路改造工程》（《奈良史学》第 8 号，1990）。

缬缬末雄：《京都的监狱史》，私家版，1987。

通爪修：《幕末期京津间的物资流通》（《日本史研究》第 603 号，2012）。

第十三章

高木博志:《古典文学与近代京都的素描——名所的女性化与源氏物语千年纪》(《历史评论》702, 2008)。

山口敬太他:《关于嵯峨野的名所再兴看到的景观资产的创造与继承的研究——祇王寺、落柿舍、厌离庵的再兴事例》(《土木规划学研究论文集》24-2, 2007)。

水本邦彦:《绘图与景观的近世》,校仓书房,2002。

谷山勇太:《近世的岚山与日切茶店》(《社会科学》78, 2007)。

坊城俊良:《宫中五十年》,明德出版社,1960。

中嶋节子:《昭和初期的京都景观保全思想与森林业务实施》(《日本建筑学会规划系论文集》459, 1994)。

山田邦和:《日本中世的首都与王权城市——京都、嵯峨、福原》,文理阁,2012。

京都府历史遗产研究会编《京都府历史散步》上,山川出版社,2011。

玉城玲子:《向日市域竹林分布的变迁》(《乙训文化》49 号,1989)。

第十四章

京都市历史资料馆编《增补八濑童子会文书》,京都市历史资料馆,2000。

雨森巖之进编《岩仓村与岩仓公》,岩仓公旧址保存会,1922。

中村治：《京都北岩仓与精神医疗》，世界思想社，2013。

宇野日出生：《八濑与八濑童子》（小林丈广编《京都历史学的诞生》，密涅瓦书房，2014）。

北泽恒彦：《为在自己的町生活》，晶文社，1981。

《京都北高野八幡的绘马》，编辑委员会编《京都北高野八幡的绘马》，三宅八幡的绘马保存会，2005。

第十五章

林屋辰三郎、藤冈兼二郎：《宇治市史》4，宇治市，1978。

宇治市历史资料馆：《宇治桥》，1995。

田中真人、西腾二郎、宇田正：《京都滋贺：铁道的历史》，京都新闻社，1998。

宇治市历史资料馆：《全景画地图与铁道旅行》，2007。

宇治市历史资料馆：《复活的铁道黄金时代》，2000。

宇治市历史资料馆：《绿茶的时代》，1999。

宇治市历史资料馆：《宇治的碑》，2005。

（财团法人）宇治市文化遗产保护协会编《宇治的散步道》第二集，2007。

宇治市历史资料馆编《史迹及名胜：平等院庭保存整备报告书》平等院，2003。

图书在版编目(CIP)数据

京都，流动的历史 /（日）小林丈广，（日）高木博
志，（日）三枝晓子著；谢跃译. --北京：社会科学文
献出版社，2018.7（2018.12重印）
（樱花书馆）
ISBN 978-7-5201-2880-3

Ⅰ.①京…　Ⅱ.①小…　②高…　③三…　④谢…　Ⅲ.
①京都－地方史　Ⅳ.①K313.9

中国版本图书馆CIP数据核字（2018）第118946号

· 樱花书馆 ·

京都，流动的历史

著　　者 / 【日】小林丈广　高木博志　三枝晓子
译　　者 / 谢　跃

出 版 人 / 谢寿光
项目统筹 / 蔡继辉　杨　轩
责任编辑 / 杨　轩　黄盼盼

出　　版 / 社会科学文献出版社·北京社科智库电子音像出版社（010）59367069
　　　　　　地址：北京市北三环中路甲29号院华龙大厦　邮编：100029
　　　　　　网址：www.ssap.com.cn
发　　行 / 市场营销中心（010）59367081　59367083
印　　装 / 天津千鹤文化传播有限公司

规　　格 / 开　本：880mm×1230mm　1/32
　　　　　　印　张：11　字　数：216千字
版　　次 / 2018年7月第1版　2018年12月第2次印刷
书　　号 / ISBN 978-7-5201-2880-3
著作权合同
登 记 号 / 图字01-2018-0541号
定　　价 / 59.00元